Wintergrillen

Das Rezeptbuch mit den besten Grillrezepten für den Winter

1. Auflage

© Autor: Cooking Heros

GOT MILK

Inhaltsverzeichnis

Vorwort

Herzlich willkommen zu diesem Grillbuch. Der neue Trend, das Wintergrillen. Wussten Sie, dass Grillen auch an eisigen Tagen eine ganz köstliche Angelegenheit sein kann? Viele von uns denken, dass Grillen besser zu wärmeren Temperaturen mit erfrischenden Drinks in der Hand passen. Lassen Sie sich jedoch in diesem Buch vom Gegenteil überzeugen, denn jede Saison ist Grillsaison. Und wer nur im Sommer grillt, verpasst die besten Aromen und Grillgenüsse, die der Winter zu bieten hat. Dabei spielt es überhaupt keine Rolle, ob es sich um ein saftiges Fleisch-/ Fischgericht, vegetarisches Gericht, Süßspeise, eine kräftige Sauce oder Dip handelt. Denn eines ist garantiert, auf dem Grillrost ist wirklich für jeden Geschmack etwas dabei. Die Auswahl an Zutaten und geschmackvollen Gewürzen zusammen mit den verschiedensten

Kombinationen sowie herrlichen Aromen ist groß. Dieses Buch gewährt Ihnen den Einblick in die köstlichsten Winterrezepte, welche perfekt zur kalten Jahreszeit passen. Zunächst beginnend mit einer kleinen Einführung. Im Anschluss daran erfahren Sie, was das Grillen im Winter so besonders macht, weiter geht es danach mit den besten Tipps und Tricks, die besten Aromen sowie natürlich die leckersten Rezepte die Ihnen das Wintergrillen zu bieten hat.

Sollten Sie im Laufe der Tipps oder Rezepte auf Besonderheiten bzw. Fachbegriffe stoßen, werden diese immer im Folgetext noch einmal genau erklärt. Zu erwähnen ist allerdings, dass dieses Buch einfach aufgebaut wurde, sodass auch alle Begriffe einfach zu verstehen sind. Die Grillrezepte dieses Buches sind keinesfalls als strenge Richtlinien zu verstehen, lassen Sie Ihrer Vielfalt und Kreativität freien Lauf. Probieren, variieren und testen Sie alles, was Ihnen dabei in den Sinn kommt und entwickeln Sie so Ihre ganz eigenen Lieblingsrezepte. Und jetzt viel Spaß beim winterlichen Angrillen! Denn am Schluss sagen Sie, Grillen im Schnee – wie konnte ich je darauf verzichten?

Guten Appetit!

Einführung

Gartenliege und Sonnenschirm im Schuppen verstaut? Perfekt, dann kann sich Ihr Grill auf dem Balkon oder der Terrasse nun richtig ausbreiten. Das Sommergrillen mit einem erfrischenden Getränk hat nämlich jetzt erst einmal Pause. Jetzt werden die Boots, die Winterjacke und alles was dazu gehört aus dem Schrank gepackt, ein leckerer selbstgemachter, noch dampfender Glühwein (S. 160) in die Tassen gefüllt und ab damit an den Grill, denn ab jetzt ist Grillen zu eisigen Temperaturen angesagt. Aber eins ist sicher, es macht mindestens genauso viel Spaß wie zur Sommerzeit und vielleicht sogar noch ein bisschen mehr.

Mittlerweile spielt es keine große Rolle mehr, zu welcher Zeit Sie Ihren Grill anfeuern. Aufgrund der Vielfalt und verschiedenen Zutaten gibt es zu jeder

Jahreszeit eine neue kulinarische Entdeckung, mit der Sie auf dem Rost sich selbst und ganz besonders Ihre Gäste verzaubern können.

Es bedarf nur ein bisschen Mut sich mit den winterlichen Gewürzen auseinanderzusetzen und schon entdecken Sie Winter für Winter einen ganz köstlichen Grillgenuss und das auf Ihre ganz persönliche Art und Weise. Dieses Buch hilft Ihnen dabei, Ihren persönlichen Horizont zu erweitern und einige Inspirationen für das optimale Grillerlebnis für sich zu entdecken.

Allerdings ist es auch wichtig, sich vorab mit dem Trend Wintergrillen vertraut zu machen, denn im Vergleich zum Sommer bedarf es im Winter einiges mehr an Vorbereitung und Planung. Auch die Zutaten und Gewürze, die Sie einsetzen können, damit tolle Aromen entstehen und ein verheißungsvoller Duft von winterlichen Gewürzen in die Luft steigt, müssen berücksichtigt werden. Außerdem gibt es spezielle Tipps, die mit dem Gasgrill speziell im Winter unbedingt zu beachten sind. Auf all diese Fragen und noch einige mehr werden Sie im Laufe dieses Buches eine Antwort finden.

Im Mittelpunkt allerdings stehen natürlich die köstlichen Winter-Grillrezepte, die einfach perfekt zur kalten Jahreszeit passen. Mit den richtigen Gewürzen wärmend und lecker. Außerdem finden Sie Beilagen, die genau auf die kühlen Tage und auf die saisonale Verfügbarkeit abgestimmt sind. Selbst herzustellende Getränke fehlen selbstverständlich auch nicht. Sogar die „Süßen“ unter uns werden in diesem Rezeptbuch fündig.

Nun kommen wir auch schon zu den einzelnen Punkten, die zunächst genauer thematisiert werden, bevor es zu den winterlichen Rezepten geht.

Der neue Trend. Was macht das Wintergrillen so besonders?

Im Sommer grillen? Das kann jeder. Das Wintergrillen jedoch hat sich in den letzten Jahren zu einem großen Trend etabliert. Ganz gleich, ob im Wald an einer schön hergerichteten Grillstelle oder auf dem Balkon, ob auf dem Land oder in der Stadt.

Doch zunächst das Wichtigste in Kürze:

Das Wintergrillen ist ein Grillevent im Freien und im Winter, am besten bei kalten, frostigen Temperaturen.

Mit der richtigen Ausstattung können Sie problemlos in allen Wintermonaten den Grill anwerfen.

Allerdings braucht es für das Wintergrillen etwas mehr, der richtige Grill, ein gemütlicher Platz sowie wärmende Decken und Fackeln schaffen die richtige BBQ-Atmosphäre. Aber dazu gleich mehr.

Immer mehr Menschen zieht es zum Wintergrillen bei eisigen Temperaturen raus in die Kälte. Aber warum ist das so?

Zum einen machen die kalten Wintermonate mehr Hunger. Der Appetit steigt und die Lust, diesen mit warmen Speisen zu stillen ist dementsprechend groß. Die kalten Monate laden eben dazu ein, üppigere Speisen zuzubereiten. Das absolute Grillerlebnis kann daher nicht nur im Sommer, sondern auch im Winter optimal ausgeschöpft werden. Auch im verschneiten Winter erzeugt das Grillen ein ganz wundervolles Feeling.

Außerdem sind in den kalten Wintermonaten Ihrer Kreativität im Freien keine Grenzen gesetzt. Denn im Winter werden die Tage kürzer, es wird schneller dunkel und dementsprechend gibt es im Vergleich zum Sommer einige Dinge mehr zu beachten und größere Vorbereitungen zu treffen.

Wärme, Wärme und nochmal Wärme

Kommen wir direkt zur wohl größten Herausforderung. Es ist wohl die Schönste und Gemütlichste, aber zugleich auch die Größte, die Ihnen an solch einem Abend gestellt wird. Denn wirklich keiner mag eingefrorene Finger oder noch schlimmer, kalte Füße und damit die Geselligkeit nicht darunter leidet, gibt es mehrere kuschelig wärmende Möglichkeiten.

Besorgen Sie für sich und Ihre Gäste im besten Fall eine größere Auswahl an Decken. An einem frostigen Abend ist dies die beste Möglichkeit, sich warmzuhalten.

Auch Heizpilze oder Heizstrahler sind meist schon eine super geeignete Wärmequelle wo garantiert jeder Ihrer Gäste etwas davon hat.

Alternativ können Sie auf ein separates Feuer, eine Art Lagerfeuer zurückgreifen, da Sie sich einen Grill nun weniger als wärmende Quelle für sich und Ihre Gäste vorstellen können.

Nutzen Sie außerdem bei Sitzmöglichkeiten im Freien unbedingt Polster oder schützend wärmende Unterlagen.

Außerdem ist ein Kaltgetränk eher eine schlechte Alternative. Bereiten Sie daher schon vorab warmen Glühwein (S. 160) vor, welcher übrigens hervorragend zu einem guten Stück Steak passt und dauerhaft im Topf warmgehalten werden kann. Alternativ ein Tee als Warmgetränk.

Eine weitere Möglichkeit, windgeschützt Unterschlupf zu bieten, sind ein großes Zelt oder ein Pavillon.

Kommen wir nun zu dem richtigen Ambiente. Sie müssen sich in warmer Umgebung selbstverständlich auch wohlfühlen. Eine gemütliche Atmosphäre können Sie ganz einfach mit etwas Licht, beispielsweise einer oder mehreren Lichterketten oder auch zusätzlicher Deko wie z. B. Kerzen oder Fackeln vorstellen. Schaffen Sie sich so Ihr eigenes und ganz persönliches Winterwunderland.

Der Geschmack vom Sommer und die Gemütlichkeit vom Winter macht das Wintergrillen besonders.

Das richtige Handling des Gasgrills im Winter mit den Vor-/ und Nachteilen im Überblick

Der Gasgrill, auch ***„Der Präzise"*** unter den Grillunterformen genannt.

Kurz einmal zur Aufklärung: Der Gasgrill ist die erste Wahl für viele Menschen, die sich für einen Grill entscheiden.

Doch zuerst einmal gehen wir auf den **Gasgrill im Allgemeinen** ein.

Die Modelle der Gasgrille unterscheiden sich teilweise extrem in Bezug auf Material, Größe und Ausstattung. Die Anzahl der Hauptbrenner spielt dabei eine der größten Rollen, diese kann zwischen einem und sechs Brennern liegen. Auch beim Material gibt es von Grill zu Grill Unterscheidungen, sie unterscheiden sich an Brennern aus Edelstahl, aluminiertem Stahl, Gusseisen und Keramik. Die

Hauptbrenner eines Gasgrills, die sich in der Mitte befinden, sind in den meisten Fällen Stabbrenner aus Edelstahl. Allerdings gibt es auch verschiedene Modelle, zum einen wie oben genannt, wo sich die Brenner in der Mitte befinden, dann gibt es wiederum auch Gasgrills wo sich die Brenner an der Seite befinden, diese bestehen teilweise aus Keramik. Wichtig ist jedoch zu wissen, dass, je mehr Brenner ein Gasgrill hat, desto mehr Möglichkeiten gibt es für die Zubereitung des Grillgutes. Die unterschiedlichen Einstellungen der Brenner erlauben die Erzeugung von verschiedenen Temperaturzonen. Aus Stahl oder Gusseisen besteht der Grillrost selbst.

Auch das richtige Gas an kalten, frostigen Tagen ist enorm wichtig. Dabei ist es sehr wichtig, dass Sie die Temperaturen im Auge behalten, bevor Sie mit dem eigentlichen Grillvorgang überhaupt starten. Hintergrund: Für gewöhnlich nutzen die meisten das Butangas zum Grillen, allerdings ist dieses Gas für kältere Temperaturen nicht empfehlenswert, da es zwar flüssig, allerdings unterhalb des Gefrierpunktes zu expandieren beginnt und somit nicht in den erforderlichen gasförmigen Zustand übergehen kann. Das Propangas hingegen, verliert erst bei rund minus 42 Grad Celsius seine Brennfähigkeit. Daher wird dieses Gas speziell an den frostigen Wintermonaten eher bevorzugt und auch empfohlen. Beide Gase können Sie beispielsweise in jedem Baumarkt Ihrer Wahl erwerben. Überwintert der Gasgrill draußen, kann die Gasflasche ohne Probleme unter dem Grill verstaut werden. Zuvor sollte sie jedoch vom Grill komplett abgeklemmt werden.

Vor der ersten Benutzung

Noch bevor Sie mit dem Grillen beginnen, achten Sie auf einen sicheren Stand Ihres Grills und wählen Sie auf jeden Fall einen geraden, ebenen Untergrund sowie eine Umgebung, welche nicht leicht entflammbar ist. Außerdem sollte der Grill unbedingt im Freien aufgebaut bzw. abgestellt werden, niemals in geschlossenen Räumen wie z. B. Schuppen oder Garage aufstellen und grillen.

Von vielen Herstellern wird empfohlen, den Grillrost vor der ersten Benutzung mit Speiseöl einzureiben, verwenden Sie dabei aber nur wenig, damit es nicht ins Feuer tropft. Das Öl ist dafür da, dass er weniger schnell rostet und verschmutzt.

Diese Pflegemaßnahme können Sie von Zeit zu Zeit wiederholen. Um ggf. Produktionsrückstände wegzubrennen, lassen Sie den Grill vor der ersten Inbetriebnahme zunächst eine Weile laufen, bevor Sie das Grillgut darauflegen.

Nun kommen wir aber zum Grillen auf dem Gasgrill. Wie bereits erwähnt ist ein Vorteil dieses Grills, dass die Temperatur schnell erreicht ist, jedoch sollten Sie sich davon nicht täuschen lassen. Auch beim Grillen mit Gas sollten Sie den Grill zuerst im Sommer 15 bis 20 Minuten und im Winter rund 20 bis 30 Minuten vorheizen, bevor Sie das Grillgut auf den Rost legen, dadurch klebt das Fleisch beim Auflegen nicht am Rost fest.

Sollte einmal Öl oder Marinade auf die Brenner tropfen, sollten Sie das Grillgut zunächst vom Rost nehmen, bis kein Rauch mehr entsteht.

Achten Sie darauf, dass Ihr Grillgut nicht anbrennt, dafür sollten Sie alles auf dem Rost stets zu jederzeit des Grillvorgangs gut im Auge behalten, denn beispielsweise Pizzaboden wird schnell schwarz und braucht daher nicht lange auf dem Grill. Je nachdem welche Grillmethode Sie anwenden, muss an das regelmäßige Wenden gedacht werden. Drehen Sie das Grillgut allerdings nicht zu oft, da Sie sonst in die Gefahr geraten, dass das Fleisch zu trocken wird.

Wenn das Grillgut dann fertig ist, können Sie es vom Rost nehmen. Im Anschluss daran sollten Sie aber den Gasgrill noch eine Weile weiter brennen lassen, das sorgt dafür, dass das übrig gebliebene Fett, Öl oder gar die Marinade verbrennt und dieses beim nächsten Einsatz vom Grill keinen Rauch entwickelt.

Stellen Sie vor dem eigentlichen Grillvorgang immer sicher, dass der Grillrost vor Beginn sauber ist, denn das vermeidet unnötiges Ankleben vom Grillgut, außerdem erhält beispielsweise ein Fleischstück dadurch ein appetitanregendes Grillmuster, die der Grillmeister lieben wird. Durch regelmäßige Reinigung und Pflege bleibt Ihnen Ihr Gasgrill garantiert länger erhalten.

Des Weiteren ist es immer gut, wenn Sie eine Ersatz-Gasflasche als Reserve zu Hause haben, damit Ihre Grillparty nicht früher endet als geplant.

Direkte Grillmethode

Bei dieser Grillmethode grillen Sie mit geschlossenem Deckel, dabei kommt dieses Grillen dem Braten sehr ähnlich, denn das Grillgut wird dabei direkt über der Wärmequelle positioniert.

Sobald eine Seite scharf angebraten wurde, wenden Sie das Fleischstück nur ein weiteres Mal, denn diese Methode sorgt für die richtige Kruste und einen intensiveren Geschmack.

Die direkte Grillmethode eignet sich hervorragen für Koteletts, Hähnchen, Steak und generell für eher dickere Fleischstücke.

Wollen Sie die direkte Grillmethode auf ihrem Gasgrill anwenden, müssen Sie zuerst einmal alle Brenner des Grills auf die höchste Stufe stellen und den Grill somit zunächst gut vorheizen. Sobald der Grill dann die richtige Temperatur erreicht hat, regeln Sie die Brenner auf die vorgesehene Hitze des Grillgutes. Nun legen Sie das Fleisch auf den Rost und schließen den Deckel. Der Deckel sollte auch nur dann wieder geöffnet werden, wenn Sie das Stück drehen müssen oder das Fleisch vom Grill genommen werden muss, damit die Hitze konstant erhalten wird, unnötiges Öffnen und Schließen des Deckels sollte hierbei unbedingt vermieden werden.

Bei dieser Grillmethode redet man mehr vom Garen. Durch die Reflexion des Deckels wird das Fleisch gleichmäßig von allen Seiten gegrillt. Dabei muss das Grillgut auch nicht gewendet werden, da die sogenannte zirkulierende Hitze wie ein Umluftofen funktioniert und das Fleisch so schonend zubereitet wird. Besonders eignet sich diese Methode für beispielsweise Rippchen oder Braten, da diese Fleischbeispiele die direkte Grillmethode nicht vertragen würden. Allerdings gibt es einen kleinen Nachteil bei der indirekten Grillmethode, dieser liegt in der Grillzeit, diese ist nämlich deutlich länger als bei der indirekten Methode.

Diese Methode funktioniert zunächst zu Beginn genauso wie bei dem direkten Grillen, zunächst stellen Sie auch hier alle Brenner auf die höchste Stufe und heizen den Grill vor.

Anschließend lassen Sie die vorderen und hinteren Brenner eingeschaltet und stellen dafür aber den mittleren Brenner aus. (Sollten Sie ein Zwei-Brenner-System benutzen, stellen Sie beide Brenner auf mittlere Stufe).

Die richtige Temperatur auf dem Gasgrill haben Sie dann erreicht, wenn diese beim indirekten Grillen bei ungefähr **180 °C** liegt.

Extra-Tipp: Sollten Sie Grillgut auf den Rost legen, welches eine etwas längere Garzeit in Anspruch nimmt, so sollten Sie die Schalen des Gasgrills mit Wasser befüllen, das verhindert, dass das Fleisch austrocknet.

Vorteile eines Gasgrills

Er ist die beste Möglichkeit für die, die wenig Geduld haben und sofort mit dem Grillen loslegen wollen ohne langes Warten.

Ein weiterer Vorteil des Gasgrills: Er grillt temperaturgenau, sehr sauber und entwickelt nur wenig Rauch, was dementsprechend auch angenehmer für Ihre Nachbarn ist.

Außerdem können Sie bereits nach 20 bis 30 Minuten Aufheizzeit im Winter mit dem Grillen beginnen.

Zusätzlich lassen sie sich wesentlich einfacher und gleichzeitig schneller reinigen als beispielsweise ein Holzkohlegrill.

Es gibt zwei Arten von Gas, welches Sie nutzen können, allerdings eignet sich ein Gas ganz besonders für kalte Wintertage. Während sich das Butangas unterhalb des Gefrierpunkts verflüssigt und sich daher nicht an besonders kalten Wintertagen eignet, sieht es mit dem Propangas schon ganz anders aus, dieses Gas wird erst bei minus 42 °C flüssig und eignet sich daher besser zum Brutzeln bei Kälte. Die Kälte im Winter mach Gasflaschen wenig aus, so können und vor allem sollten Sie die Flaschen auch draußen lagern.

Bei anderen Materialien am Gasgrill (z. B. Gasschläuche und Ventile) sollten Sie gerade nach extrem kalter oder langanhaltender Kälteperiode immer vor Gebrauch auf ihre Dichtigkeit überprüfen.

Gut zu Wissen ist außerdem, dass der Gasgrill Ihren Speisen keine gesundheitsschädlichen Stoffe aussetzt und Sie somit bedenkenlos über die gesamte Bandbreite hinweg Ihren Grillgenuss genießen können.

Nachteile eines Gasgrills

Auch gibt es einige wenige Nachteile eines Gasgrills, denn je nach gewünschter Ausstattung und Anforderungen ist ein solcher Grill mit höheren Kosten beim Kauf verbunden.

Auch erzeugt Gas die Flamme und ist dementsprechend kein „echtes“ Feuer und daher auch nicht beim Wintergrillen als Wärmequelle zu werten, dafür sollten sie eher auf beispielsweise ein Lagerfeuer zurückgreifen.

Sicherheit beim Gasgrill

Auch wenn der beliebte Gasgrill viele Vorteile bietet, so stecken auch einige Gefahren und vor allem auch Ängste von Benutzern in dieser Methode. Dabei kommen Ihnen direkt Gasexplosionen, übelste Stichflammen oder gar Brände in den Sinn? Leider sind diese Gedanken nicht ganz abwegig. Denn tropft das Fett auf den Brenner, so kann eine Stichflamme entstehen.

Außerdem sollten Sie auf jeden Fall alternde Schläuche im Auge behalten, fangen diese an undicht und porös zu werden, müssen diese sofort gewechselt werden.

Man kann etwas sagen, dass nach spätestens 10 Jahren ein solcher Austausch Pflicht ist, nichtsdestotrotz sollte man diese trotzdem schon vorher immer mal im Auge behalten und regelmäßig überprüfen.

Hierfür gibt es auch einen kleinen Trick: Sprühen Sie auf den Gasschlauch einfach Seifenwasser, wirft es an einer Stelle Blase, ist der Schlauch undicht und mich sofort ersetzt werden.

Die richtigen Tipps zum Grillen im Winter

Tipp 1.: Vor Gebrauch eines Gasgrills unbedingt alle Teile, Ventile, Schläuche und Brenner kontrollieren, diese sollten alle zwingend unbeschädigt sein.

Tipp 2.: Niemals in einem geschlossenen Raum grillen.

Tipp 3.: Im Winter nie ohne Deckel grillen, das könnte sonst eine echte Herausforderung für Sie werden.

Tipp 4.: Nutzen Sie das richtige Gas, z. B. Propangas, dieses wird erst bei minus 42 °C flüssig und eignet sich daher besser in der Kälte.

Tipp 5.: Maßnahme gegen Auskühlen, denken Sie an Decken, Heizstrahler und schaffen Sie sich eine gemütliche Atmosphäre.

Tipp 6.: Keine kalten Beilagen und Salate an eisigen Wintertagen.

Tipp 7.: Ein Grillthermometer ist eine Investition wert. Damit erreichen Sie garantiert den richtigen Garpunkt.

Tipp 8.: Greifen Sie zu nicht allzu großem Grillgut, am besten sind Würstchen, kleine Steaks oder Schafskäse, dann geht es schneller und Sie müssen bei eisigen Temperaturen nicht so lange frieren.

Tipp 9.: Wildfleisch im Winter eignet sich am besten und als Beilage Gemüse.

Tipp 10.: Achten Sie auf gute Qualität, es zahlt sich aus und Sie werden es am Ende schmecken.

Tipp 11.: Nicht unnötig im Fleisch herumstochern, dabei geht sehr viel Fleischsaft verloren und das Stück wird trockener.

Tipp 12.: Nach dem aktiven Grillen dem Grillgut etwa 2 Minuten Ruhezeit gönnen.

Tipp 13.: Lassen Sie das fertige Essen niemals in der Kälte stehen.

Tipp 14.: Grundsätzlich kann alles gegrillt werden, was auch sonst üblich gegart werden kann, z. B. Fisch, Gemüse, Brot, Baguette und vieles mehr.

Tipp 15.: Kräuter in der Glut, verleihen dem Grillgut eine ganz besondere Note.

Tipp 16.: Auch Fisch ist eine gesunde Alternative. Lassen Sie dem Fisch die Haut, denn diese hält das Filet saftig und schützt vor dem Trocknen.

Tipp 17.: Darf es noch eine Nachspeise sein? Klar, aber bitte kein Eis. Vielleicht flambierte Orangen frisch vom Grill?

Tipp 18.: Obst auf den Grill, dazu einfach das Obst halbieren, in eine Schale legen und solange auf dem Grill grillen, bis das Obst etwas gebräunt ist.

Tipp 19.: Denken Sie an warme Getränke statt eines kühlen Biers.

Tipp 20.: Immer eine geeignete Schutzplane über den Grill ziehen, natürlich erst, wenn dieser vollständig abgekühlt ist, so übersteht auch der Grill die kalten Wintertage.

Tipp 21.: Den Grill unbedingt nach jeder Benutzung reinigen, dies gelingt am besten mit einer Edelstahlbürste. Zusatztipp: Putzen ohne Chemie.

Tipp 22.: Wenn Sie Ihr Grillgut längere Zeit warmhalten möchten, eignen sich Boxen aus Styropor oder Thermoboxen hervorragend.

Tipp 23.: Fleisch, Würstchen oder Gemüsespieße können in einem aufgeschnittenen Brötchen serviert werden, das Brötchen schützt vor Wind und hält die Speisen dementsprechend länger warm.

Auf die winterlichen Zutaten und Aromen kommt es an

Viele Menschen verspüren gerade um die Weihnachtszeit und bei niedrigen Temperaturen ein besonderes Bedürfnis ganz besondere und spezielle Genüsse auf die Teller zu zaubern. Wie wäre es mit einem kleinen Vorgeschmack, läuft Ihnen nicht auch das Wasser im Mund zusammen, wenn Sie von Speisen wie Zander mit Wurzelgemüse (S. 44), ultimativer Weihnachtsgrillburger (S.91), Wildschwein in Glühweinsoße (S.90), gegrillte Gans (S.54), glasierte Kürbisse (S.106) oder Roastbeef in Senfkruste (S.76) hören? Doch? Dann lassen Sie Ihren ganz persönlichen Startschuss in Ihre Wintergrillsaison früh genug fallen. Manchmal passen ganz typische weihnachtliche Gewürze vollkommen unerwartet, aber sehr gut auf den Grill. Winterliche Aromen wie Zimt, Anis oder Lebkuchen verströmen dabei ihren Duft und locken die Gäste an den heißen Grill.

Grundsätzlich gilt kulinarisch im Winter dasselbe wie im Sommer.

Allerdings sollte man in der Kälteperiode anders als im Sommer vielleicht auch auf die kalten Beilagen wie leichte Salate verzichten, denn erfahrungsgemäß schmecken diese dann nicht ganz so gut wie im Sommer.

Eine ausgewogene und schmackhafte Alternative ist aber buntes Gemüse, Folienkartoffeln, Maiskolben, selbst gemachtes Stockbrot, Fenchel oder Schafskäse. Die große Menge die Ihnen an leckeren Beilagen zur Verfügung gestellt wird kann vielseitig kombiniert und stets warm zubereitet und verzehrt werden. Nudelsalat & Co. hingegen muss im Winter nicht sein.

Auch für die Hauptspeisen gibt es ein paar gute Ideen. Zu sommerlichen Temperaturen ist besonders helles Fleisch sehr beliebt.

Im Winter hingegen eignet sich dunkles, rotes Fleisch wie Lamm, Lachs oder auch Gans und Wild am besten. Nicht zu vergessen, stets bekannt und allseits beliebt, das Würstchen, und das geht nun wirklich immer.

Bei der Nachspeise ist es ähnlich wie bei den Beilagen, Eis als Nachtisch zu servieren ist keine gute Idee.

Womit Sie Ihre Gäste allerdings in den Wintermonaten überzeugen können, ist der allseits bekannte Bratapfel (S. 127). Er kann frisch vom Grill und noch warm verzehrt werden. Sie sehen, auch an frostigen Monaten gibt es genügend saisonale und regionale Gerichte, egal ob Veganer, Vegetarier oder als Würstchen-Liebhaber.

Kommen wir zu den Getränken. Besonders im Sommer freut man sich auf kein kühles, erfrischendes Getränk mit kalten Früchten und am besten noch einer großen Portion Eiswürfel, die Devise ist, je kälter und erfrischender, desto besser.

Im Winter hingegen liegt es dabei ganz klar auf der Hand. Es braucht weder einen Kühlschrank und auch bitte kein kaltes Bier. Denn im Winter gilt, je wärmer, desto besser. Bereiten Sie einen Glühwein (S. 160) vor, alternativ eine leckere Feuerzangenbowle (S. 159). Diese Getränke kommen im Winter immer gut an.

Für die kleinen Gäste der Party kann auch ein leckerer warmer Saftcocktail, eine Art Kinderpunsch (ab S. 161) ganz einfach vorbereitet werden.

Zudem können diese Warmgetränke hervorragend im Topf auf der Herdplatte bei geringer Stufe dauerhaft warmgehalten werden. Grundsätzlich sollten Sie aber eine kleine Auswahl an alkoholischen und nicht alkoholischen Getränken bereithalten, denn erhitzter Alkohol wirkt besonders schnell und intensiv. Wenig gesüßte Würzweine passen zudem wunderbar zu einem Steak mit buntem Gemüse und kräftiger Sauce.

Gehen wir einmal näher auf verschiedene Aromen, die speziell zu den kalten Wintermonaten passen ein.

Zimt. Es gibt kein Aroma, das so an Weihnachten erinnert wie Zimt. Die allseits bekannten Zimtstangen, gleichen nicht nur auf den ersten Blick echtem Holz, denn tatsächlich sind diese auch die Rinden von echten Zimtbäumen. Sobald die Regenzeit in Sri Lanka beginnt, kann der Zimternter die Borke und die darunter liegende Rinde der Äste ganz leicht entfernen, diese Stücke werden ineinander gerollt und über Nacht in Matten eingelegt. Die Feuchtigkeit sowie der Sauerstoff sorgen dann gleichzeitig für eine natürliche Fermentation, die für das typisch scharfe-süßliche Aroma verantwortlich ist. Das anschließende Sonnenbad trocknet die Stangen aus und sorgt letztendlich für den letzten Schliff es Aromas. Zimt gibt es als Stangen oder gemahlen. Ideal für kalte Tage.

Auch **Chili** und **d´Espelette** haben mit ihrer Schärfe einen wärmenden Effekt. Auch ein Klassiker, vor allem in der indischen Küche ist **Kardamom**, er eignet sich hervorragend in winterlichen Kaffeegewürzen der Desserts.

Piment. Das Feuerwerk der Aromen. In den Körnern verbergen sich Aromen, die an Zimt, Muskat, Nelken sowie Pfeffer erinnert. Damit möglichst viele ätherische Öle in diesen „pfefferkorngroßen" Früchten enthalten bleiben, müssen diese noch ungereift geerntet werden. Die Sonne verwandelt die grünen Kügelchen nach ungefähr 7 bis 10 Tagen in allseits bekannte rot- bis dunkelbraunen, runzeligen Pimentkörner.

Vanille. Die anspruchsvolle Kapselfrucht. Gewürzvanille gehört zu der Pflanzenart der Orchideen. Wussten Sie, dass die reine Vanille zu einer der teuersten Gewürze der Welt zählen? Allein die Verarbeitung und vorherige Anbau sind anspruchsvoll. Tatsächlich erhalten die Früchte eine wahre Wellnesskur: Dabei erhalten sie ein Dampfbad und anschließend dürfen sie in der Sonne trocknen. Diese Behandlung wird wochenlang wiederholt. Das Zusammenspiel von Feuchtigkeit, anschließender Trockenheit sowie dem Sauerstoffentzug sorgt letztendlich für das wundervolle Vanillearoma.

Sternanis. Der Geschmack ist sehr intensiv, er ähnelt dabei einem lakritzartigen Geschmack. Sternanis selbst stammt von einem asiatischen Magnolienbaum, Anis hingegen gehört zu den Doldenblütlern. Die „Sterne" sind sogenannte Balgfrüchte und die einzelnen Zacken eines Sternes enthalten exakt einen Kern. Kurz vor der Reife werden sie geerntet und als ganze Frucht getrocknet.

Gewürznelken. Die exotischen Blüten. Wenn man sich die Gewürznelken einmal genauer betrachtet, fällt auf, dass diese Teil einer Blüte sind. Es sind nämlich die Knospen des Gewürznelkenbaums. Die Form hat die Nelke dem Fruchtknoten zu verdanken, um den die Kelchblätter herum angetrocknet werden. Die Knospen werden heute noch von Hand geerntet und anschließend auf Grasmatten getrocknet.

Kleiner Tipp: Fühlen sich die Nelken etwas fettig an, so haben sie die beste Qualität. Alternativ kann man die Gewürznelken in Wasser einlegen, gehen diese unter, so ist der Ölgehalt optimal.

Lorbeer. Gilt als verdauungsfördernd. Die Blätter der Lorbeeren eignen sich daher perfekt für herzhafte Winterrezepte.

Außerdem verleihen zum Beispiel Kräuteröle, Knoblauch, Balsamico-Essig, Honig, Zitronen oder Orangenschalen Ihrem Essen ganz intensive Aromen. Dies gilt für viele Speisen, u. a. für Fleisch, Fisch, Saucen, Nachspeisen sowie Gebäck. Schon eine leichte Hinzugabe des Würzmittels Ihrer Wahl, sorgt bereits dafür, dass Ihre Speisen sanft aromatisiert und ein Eigengeschmack entwickelt und dadurch besonders hervorgehoben werden können.

Vor allem die verschiedensten Marinaden (ab S. 147) des Grillgutes sind eine bedeutsame Grundlage. Dabei steht Ihnen auch im Winter eine köstliche Vielfalt der verschiedensten Aromen zur Verfügung. Diese lassen sich ganz besonders bei Speisen wie beispielsweise Steak oder Lamm betonen. Wenn man an die winterlichen Geschmacksrichtungen denkt, bietet sich dafür z. B. besonders Zimt oder Orange an. Abschließend noch mit etwas Cayennepfeffer und Oregano verfeinert ergibt diese eine herrlich würzige und weihnachtliche Komposition.

Für die Exoten unter uns eignet sich auch besonders eine winterliche Steak-Marinade (S. 156), diese nur noch mit Kreuzkümmel und Zimt würzen, abschmecken und schon erhält man einen orientalischen Hauch.

Die Auswahl, herrliche Aromen und individuelle Geschmacksrichtungen zu kreieren und dabei dem Grillgut und besonders dem Fleisch einen einzigartigen Geschmack zu verleihen, ist breit gefächert. Alternativ bieten sich auch **Aromahölzer** an, denn beim Abbrennen dieser Hölzer entwickelt sich ein ganz eigener und sehr rauchiger Geschmack, vom Holz alter Whiskyfässer bis zu Zedernholz. Dies sollte unbedingt mal probiert werden.

Außerdem passt Knoblauch, Kräuteröle, Honig, Zwiebeln oder Essig gut zu einem **Fleischgericht**.

Zu **Fisch** passen besonders aromatische Öle und Zitronenschalen.

Speisen wie **Kartoffeln, Pasta oder Gemüse** passen mit Kombinationen wie Oliven, Knoblauchöl, getrocknete Tomaten oder Orangenschalen hervorragend zusammen.

Echte Geschmackssensationen sind Zitronen-/ und Orangenschalen oder Honig auf Ihren **Desserts und Backwaren**. Vor allem im Winter ist der Bratapfel ein echter Klassiker, welchen man auch unbedingt beim Wintergrillen probiert haben sollte. Dazu kann man den Bratapfel einfach mit Nüssen, Marzipan und zusätzlichen weihnachtlichen Gewürzen nach Wahl befüllen und anschließend auf den Grillrost legen. Sie sollten den Bratapfel allerdings, bevor Sie diesen auf den Grill legen, unbedingt in Alufolie einwickeln, damit er vor starker Hitze geschützt wird und zusätzlich auch nur eine sehr geringe Grilldauer benötigen. Auch Maroni schmecken ganz köstlich dazu; diese können ebenfalls ganz einfach auf dem Grill geröstet werden, diese dafür einfach in eine passende Papiertüte stecken. Gleichzeitig sorgen sie auch für warme Hände.

Besonders wichtig sind heiße Getränke zum Aufwärmen, ein leckeres **Heißgetränk** (ab S. 157) ist beim Wintergrillen einfach nicht wegzudenken und ein absolutes Muss. Besonders Glühwein verbindet zu einem ein winterliches/ weihnachtliches Feeling und hat zugleich seine wärmende Eigenschaft. Glühwein (S. 160) selbst herzustellen ist super simple und mit nur wenigen Handgriffen schnell zubereitet.

Auch der Kinderpunsch als **alkoholfreie Variante** ist nicht nur bei Kindern, sondern auch bei Erwachsenen, die alkoholfreie Getränke bevorzugen eine wahnsinnig leckere Alternative. Mithilfe von den etwas dunkleren Säften wie z. B. Schwarze Johannisbeere, Kirsch-/ und Traubensaft kann ein ganz leckerer

Kinderpunsch entstehen. Dazu dann nur noch Zimtstangen, Gewürznelken, Kardamonkapseln sowie Scheiben einer unbehandelten Orange und schon ist das winterliche Getränk für Groß und Klein perfekt. Alle aufgezählten Zutaten findet man besonders zu den kalten, winterlichen Jahreszeiten bzw. um den Weihnachtszeitraum herum in fast jedem beliebigen Supermarkt.

Die richtige Temperatur und Grillzeiten im Überblick

Zu beachten ist, dass es sich bei den nun folgenden Angaben lediglich um Richtwerte handelt. Da beispielsweise die Dicke und Größe des Grillgutes sowie die Außentemperaturen eine wichtige Rolle spielen und deshalb die genaue Grill- / und Garzeit von den aufgezählten sowie vielen weiteren Faktoren beeinflusst wird.

Allerdings ist es in der Regel so, dass die dünneren Fleischstücke mit höherer Grilltemperatur gegrillt werde sollten. Beispielsweise Fleischarten wie Kotelett, Minutensteaks oder Brustfilets immer nur kurz, aber dafür bei direkter großer Hitze auf den Rost gelegt werden. Auch Ihr ganz persönlicher Geschmack spielt eine entscheidende Rolle, möchten Sie es lieber blutig, durch oder doch lieber Medium? All das entscheiden über die benötigte Grillzeit.

Optimal wird es, wenn Sie es in geringer Entfernung zu Ihrer Hitzequelle scharf unter beidseitigem Wenden angrillen und Sie den Rost dann zum Nachgaren etwas höherstellen. Dies bedeutet nämlich, dass das Fleisch zwar nur langsam von innen gart, sich aber von außen schon leckere Röstaromen entwickeln.

Im Winter ist es zudem etwas angenehmer, zu dünnerer, kleineren Fleischstücken zu greifen, damit Sie von langen Kälteperioden im Freien und somit verbundenem Frieren verschont bleiben.

Die perfekten Grilltemperatur-Richtwerte zum Grillen wie folgt:

- Beim Steak ≈ 230 - 280° C
- Bei Geflügel ≈ 140 - 200° C
- Bei Wild ≈ 130 - 180° C
- Beim Fisch ≈ 160 - 180° C
- Bei Gemüse ≈ 150 - 180° C
- Bei Obst ≈160 - 180° C

Alle Grillzeiten im Überblick

Lamm

Lammfilet: Von beiden Seiten ca. ***2-3 Minuten*** scharf anbraten, dann für ungefähr ***5-10 Minuten*** ruhen lassen.

Lammbraten (bei Lammkeule, 1,5 kg): Ca. **3-5 Minuten** von jeder Seite scharf, anschließend bei indirekter Hitze (S.12) und einer Kerntemperatur von ***60 °C - 65° C*** ca. ***1,5 Stunden*** garen.

Lammkotelett: Je Seite etwa **4 Minuten** scharf anbraten.

Rindfleisch

Rinderlende, Rippe oder T-Bone Steak: 2,5 cm dick ***10-12 Minuten***, 3 cm ***12-14 Minuten***.

Roastbeef bei 2 kg, am Stück: Scharf von beiden Seiten anbraten (***3 Minuten***), dann bei indirekter Hitze (S.12) bis zu einer Kerntemperatur von ***55° C 1,5 - 2 Stunden*** zu Ende garen.

Rumpsteak 400 bis 900 g: **12 - 15Minuten** scharf anbraten.

Hackfleisch: (z. B. Frikadellen, Köfte oder Cevapcici): ***5-10 Minuten*** je nach Größe.

Schweinefleisch

Schweinefilet (bei 1/2 kg, am Stück): Für ca. ***3-5 Minuten*** scharf unter einmaligen Wenden anbraten, anschließend bei indirekter Hitze (Kerntemperatur von ***60 - 63 °C***) für etwa ***15-20 Minuten*** weiter garen.

Rückensteak: Je Seite etwa ***2 Minuten*** anbraten.

Scheiben vom Bauchfleisch: Je Seite ca. ***4 Minuten*** anbraten.

Spare Ribs: Unter häufigem Wenden für etwa ***20 Minuten***.

Schweinefilet: Für etwa ***2-3 Minuten*** von beiden Seiten scharf anbraten, anschließend für etwa **5-10 Minuten** auf der Seite ruhen lassen.

Nackensteak: Je Seite für etwa ***5 Minuten***.

Geflügel

<u>*Hähnchen- und Putenteile (Keule, Schenkel):*</u> Unbedingt mehrmals wenden und für etwa ***20 Minuten*** auf den Grill damit.

<u>*Hähnchen- und Putenbrust (als Spieß oder einzeln):*</u> Je Seite ungefähr ***2 Minuten*** heiß angrillen, anschließend bei schwächerer Hitze etwa ***8 Minuten*** weiter durchgaren.

Fisch

<u>*Fischfilet oder Steak 1,5 cm:*</u> ***3-5 Minuten***.

<u>*Fischfilet ganz 450 bis 900 g:*</u> ***20-30 Minuten***.

<u>*Fischspieß 2,5 cm:*</u> ***8-10 Minuten***.

<u>*Fisch oder Steak 2,5 cm:*</u> ***10-12 Minuten***.

Schalentiere

<u>*Garnelen mit Schale:*</u> mittel → ***4-5 Minuten***,
groß →***5-6 Minuten***.

Allgemeine Sicherheitshinweise

Beim Grillen gibt es selbstverständlich auch einige Regeln, an die man sich halten sollte. Wenn man diese kurz zusammengefassten Punkte jedoch alle beherzigt, kann eigentlich nichts mehr schiefgehen.

Bitte die beiliegende Bedingungsanleitung des Grillgerätes aufmerksam und ausführlich durchlesen.

Den Grill bitte niemals an engen Stellen oder anderen Durchgängen platzieren.

Den Grill sollten Sie stets auf einen ebenen, festen, hitzeunempfindlichen und nicht brennbaren Untergrund stellen.

Haustiere und Kleinkinder bitte unbedingt vom Grill fernhalten.

Grillhandschuhe zum Schutz Ihrer Arme und Hände ist beim Umgang mit einem heißen Grill sehr wichtig, eine gute Abhilfe können Sie auch mit langem Grillbesteck schaffen, damit Sie gar nicht erst in die unmittelbare Nähe der Hitze kommen.

Äußerste Vorsicht bei der Nutzung von Öl am Grill – Nur wenn Notwendig den Grillrost mit einem geölten Küchentuch einreiben. Alternativ können Sie den Grillrost mit einem dafür speziell geeigneten „Anti-Stick-Oil" einsprühen. Mariniertes Fleisch bzw. Grillgut im Allgemeinen sollte daher unbedingt bevor es auf den Rost gelegt wird mit einem Küchentuch abgetupft werden.

Achten Sie auf die richtige Kleidung. Eine Grillschürze reicht dabei schon völlig aus.

Niemals Wasser zum Löschen der Flammen verwenden.

Niemals in geschlossenen Räumlichkeiten grillen (auch nicht in einer Garage). Ein Grill sollte ausschließlich für den Outdoor-Bereich verwenden werden.

Vor dem Grillen darauf achten, dass keine entzündlichen Gegenstände in der Nähe sind.

Sicherheitshinweise für das Grillen mit Gas

Überprüfen und reinigen Sie die Fettauffangschale regelmäßig.

Keinesfalls in geschlossenen Räumen Gasflaschen unterbringen und lagern.

Der Gasschlauch, sollte auch vor allem nach längerer Grillpause immer gut und stetig überprüft werden, so können undichte Stellen direkt erkannt werden ohne jegliche Gefahr eingehen zu müssen.

Immer bei geöffnetem Decken zünden.

Verwenden Sie einen Grill im Allgemeinen ausschließlich im Freien und dabei spielt es gar keine Rolle welchen Grill Sie verwenden. Denn diese sind lediglich für den Outdoor-Bereich geeignet und sollten nicht in geschlossenen Räumen wie z. B. Garagen oder Schuppen angefeuert werden.

Rezepthinweise

Pck. = Packung
St = Stück
g = Gramm
kg = Kilogramm
ml = Milliliter
cm = Zentimeter
cl = Zentiliter
l = Liter
Msp. = Messerspitze

TL = Teelöffel
EL = Esslöffel
n.B.= nach Bedarf
Spr. = Spritzer
Ds. = Dose
Schb. = Scheiben
Bd. = Bund
Trpf. = Tropfen
geh. = gehäufter

Butterfischfilet

Dauer	Portion(en)	Schwierigkeit
40 Minuten	2	mittel

Zutaten

750 g Butterfischfilet | 1 Limette | 4 EL Sojasoße | 2 EL brauner Zucker
1 TL Paprikapulver | Salz und Pfeffer

Zubereitung

1. Die Schale der Limette abreiben, den Saft auspressen.
2. Die abgeriebene Schale und den Saft mit den restlichen Zutaten, außer dem Fisch, verrühren.
3. Den Fisch auf einen Spieß stecken und mit der Marinade bestreichen.
4. Den Spieß ca. **25 Minuten** grillen. Dabei mehrmals wenden.

Notizen____

____

____

Garnelen Champignon Spieße

Dauer	Portion(en)	Schwierigkeit
25 Minuten	2	leicht

Zutaten

400 g Garnelen | 100 g Champignons | frischer Piment
1 TL Knoblauchpulver | Salz

Zubereitung

1. Die Champignons waschen, putzen und halbieren.
2. Die Garnelen mit kaltem Wasser abwaschen.
3. Immer abwechselnd Champignons und Garnelen aufspießen.
4. Mit dem Knoblauchpulver, Piment und Salz würzen.
5. Von beiden Seiten grillen.

Notizen______________________________

Garnelen in fruchtiger Erdnussmarinade

Dauer
45 Minuten

Portion(en)
4
Ruhezeit: 30 Minuten

Schwierigkeit
mittel

Zutaten

40 g Erdnüsse | 750 g Garnelen | 1 Chilischote | 1 Limette | 1 St. Ingwer
2 Stiele Basilikum | 6 EL Sojasoße | 6 EL Sesamöl

Zubereitung

1. Die Erdnüsse hacken und ohne Fett in einer Pfanne rösten.
2. Die Chilischote entkernen und fein aufschneiden.
3. Den Ingwer waschen und reiben.
4. Die Limette heiß abwaschen, die Schale abreiben, den Saft auspressen.
5. Das Basilikum klein schneiden.
6. Alle Zutaten mit der Sojasoße zu einer Marinade verrühren.
7. Die Garnelen zugeben und ca. **30 Minuten** ruhen lassen.
8. Anschließend für ca. **5 Minuten** grillen.

Notizen____

Gegrillter Lachs

Dauer	Portion(en)	Schwierigkeit
30 Minuten	2	leicht

Zutaten

2 Lachsfilets | 1 EL Olivenöl | 1 TL Kräuter der Provence
Salz und Pfeffer | Zitronensaft

Zubereitung

1. 2 Streifen Alufolie abreißen und je ein Filet darauflegen (die Stücke sollten so groß sein, dass der Lachs damit umhüllt werden kann).
2. Den Lachs jeweils mit etwas Olivenöl und einen Spritzer Zitronensaft beträufeln.
3. Mit den Kräutern, Salz und Pfeffer würzen.
4. Die Alufolie schließen und ca. **7 Minuten** bei **indirekter Hitze** grillen.

Notizen____

Kräuter Dorade

Dauer	Portion(en)	Schwierigkeit
40 Minuten	4	mittel

Zutaten

4 Doraden | 2 Zwiebeln | 2 Zitrone | 6 EL Olivenöl
Thymian | Salz und Pfeffer

Zubereitung

1. Die Doraden gründlich abwaschen und mit einem Küchentuch abtupfen. Die Fische seitlich je 2 bis 3 Mal einschneiden und von innen und außen mit Salz und Pfeffer würzen.
2. Die Zwiebeln grob hacken und in die Doraden verteilen.
3. Je ein Zweig Thymian zugeben.
4. Eine Zitrone in Scheiben schneiden, die andere auspressen und mit dem Olivenöl verrühren. Salz und Pfeffer zugeben und die Doraden damit beträufeln.
5. Für ca. **12 Minuten** grillen und immer wieder mit der Marinade einpinseln.

Notizen____

Kräuter Garnelen

Dauer
40 Minuten

Portion(en)
4

Schwierigkeit
leicht

Zutaten

20 Garnelen | 1 Zitrone | ½ Chilischote | Kräuterbutter | Salz und Pfeffer

Zubereitung

1. Die Garnelen mit kaltem Wasser abspülen und abtropfen lassen.
2. Die Chilischote halbieren, entkernen und fein schneiden.
3. Die Zitrone in dünne Scheiben schneiden.
4. Die Garnelen am Rücken vorsichtig einschneiden und den Darm entfernen.
5. 4 Stück Alufolie zurechtlegen und je 5 Garnelen mit einigen Zitronenscheiben, Chili und je 1 EL Kräuterbutter zugeben.
6. Mit Salz und Pfeffer würzen und die Alufolie zu kleinen Päckchen verschließen.
7. Für ca. **10 Minuten** bei **indirekter Hitze** grillen.

Notizen____

Lachsfilet

Dauer	Portion(en)	Schwierigkeit
45 Minuten	4	mittel

Zutaten

1 Lachsfilet (ca. 1,2 kg) | 1 St. Ingwer | 15 g Butter | 1 EL Sojasoße
1 EL Olivenöl | 1 TL Honig | 1 EL Zucker | 2 EL Senf

Zubereitung

1. Den Zucker mit der Butter und dem Honig in einem Topf schmelzen.
2. Den Senf, Sojasoße und das Öl einrühren und abkühlen lassen.
3. Den Lachs damit marinieren.
4. Das Lachsfilet, mit der Haut nach unten, auf ein Räucherbrett legen und bei **indirekter Hitze** ca. **30 Minuten** grillen.

Notizen______________________________

Lachsspieße

Dauer	Portion(en)	Schwierigkeit
20 Minuten	2	leicht

Zutaten

500 g Lachsfilet | 50 g Erdnussbutter | 5 Stiele Koriandergrün | Salz

Zubereitung

1. Die Blättchen vom Koriander abzupfen und mit der Erdnussbutter mischen.
2. Den Lachs in ca. 3 cm große Stücke schneiden und mit der flachen Seite nach oben legen und mit der Erdnusscreme bestreichen.
3. Den Lachs mit der bestrichenen Seite nach innen aufrollen und je 2 Rollen nebeneinander mit 2 Spießen fixieren.
4. In eine Grillschale geben, mit Salz würzen und von jeder Seite ca. **5 Minuten** grillen.

Notizen____

Störfilets an Pesto

Dauer	Portion(en)	Schwierigkeit
20 Minuten	4	mittel

Zutaten

4 Störfilets | 1 Bund Petersilie | 1 Zitrone | 1 Knoblauchzehe
3 EL geriebener Parmesan | 1 EL Pinienkerne
75 ml Olivenöl | Salz und Pfeffer

Zubereitung

1. Die Petersilie waschen und die Blätter abzupfen.
2. Die Zitrone heiß abwaschen, die Schale abreiben, den Saft auspressen.
3. Den Knoblauch schälen.
4. Die Petersilie mit dem Zitronenabrieb den Pinienkernen und dem Knoblauch pürieren.
5. Den Parmesan und das Olivenöl zugeben. Noch einmal kurz pürieren.
6. Mit Salz und Pfeffer abschmecken.
7. Den Fisch waschen und trocken tupfen, mit etwas Olivenöl einstreichen.
8. Mit Zitronensaft, Salz und Pfeffer würzen.
9. Von jeder Seite ca. **4 Minuten** grillen.
10. Mit dem Pesto anrichten und servieren.

Notizen______________________________

Surf n Turf Spieße

Dauer
20 Minuten

Portion(en)
2
Ruhezeit: 1 Stunde

Schwierigkeit
leicht

Zutaten

4 Jakobsmuscheln (Fleisch) | 1 Rindermedaillon | 1 EL Sonnenblumenöl
Safranfaden | ½ TL Paprikapulver | Salz und Pfeffer

Zubereitung

1. Das Öl in einem kleinen Topf erwärmen. Den Safranfaden mit einem Löffel auf einem Teller zermahlen und zu dem Öl geben. Das Paprikapulver ebenfalls zugeben und umrühren.
2. Das Rindermedaillon halbieren und je eine Hälfte mit 2 Jakobsmuscheln auf einen Holzspieß stecken.
3. Das Safranöl in eine Auflaufform geben und die Spieße damit einreiben und ca. **1 Stunde** darin ruhen lassen.
4. Vor dem Grillen mit etwas Salz und Pfeffer würzen.
5. Von jeder Seite ca. **3 Minuten** grillen.

Notizen____

Thunfischsteaks

Dauer
80 Minuten

Portion(en)
4
Ruhezeit: 1 Stunde

Schwierigkeit
leicht

Zutaten

4 Thunfischsteaks | ½ Limette | 2 EL Öl | 1 TL Thymian
½ TL Kreuzkümmel | Salz und Pfeffer

Zubereitung

1. Die Limette auspressen und mit dem Öl und den Gewürzen vermischen.
2. Die Steaks mit der Marinade bestreichen und ca. **1 Stunde** ruhen lassen.
3. Für ca. **4 Minuten** von beiden Seiten grillen, dabei immer wieder marinieren.

Notizen________________________________

Zitronen Forelle

Dauer
20 Minuten

Portion(en)
2

Schwierigkeit
leicht

Zutaten

2 Forellen | 2 Zitrone | Rosmarin | Salz und Pfeffer

Zubereitung

1. Die Forellen innen und außen mit Salz und Pfeffer würzen.
2. Die Zitronen auspressen und den Saft in die Fische geben.
3. Jeweils einige Rosmarinnadeln zugeben und von jeder Seite ca. **7 Minuten** grillen.

Notizen________________________________

Zander mit Wurzelgemüse

Dauer
60 Minuten

Portion(en)
4

Schwierigkeit
leicht

Zutaten

600 g Zanderfilet | 600 Karotten | 500 g Petersilienwurzel
3 EL Olivenöl | Salz und Pfeffer

Zubereitung

1. Das Gemüse schälen und klein schneiden.
2. Das Gemüse in eine Grillschale geben und mit Salz und Pfeffer würzen. Mit dem Olivenöl beträufeln.
3. Für ca. **20 Minuten** grillen.
4. Den Fisch mit Salz und Pfeffer würzen.
5. Zu dem Gemüse geben und ca. **15 Minuten** mitgaren.
6. Auf 4 Teller verteilen und genießen.

Notizen____________________

Apfel Cevapcici

Dauer
40 Minuten

Portion(en)
4

Schwierigkeit
mittel

Zutaten

500 g Hackfleisch | 200 g Feta | 1 Zwiebel | 1 Knoblauchzehe | 1 Ei
3 EL Paniermehl | 150 g Apfel | 100 ml Apfelsaft
2 EL Milch | Salz und Pfeffer

Zubereitung

1. Die Zwiebel und den Knoblauch schälen und fein hacken.
2. Den Apfel putzen und hobeln.
3. Das Hackfleisch mit dem geriebenen Apfel, den Zwiebel und Knoblauch, Ei, Paniermehl vermengen. Mit Salz und Pfeffer abschmecken.
4. Zu kleinen Cevapcici formen und auf Holzspieße stecken.
5. Für ca. **10 Minuten** grillen.
6. Den Feta mit der Milch und dem Apfelsaft pürieren.
7. Den Dip mit den Cevapcici servieren.

Notizen____

Apel Orangen Hähnchen

Dauer
90 Minuten

Portion(en)
4

Schwierigkeit
mittel

Zutaten

1 Hähnchen | 2 Äpfel | 4 Orangen | 600 ml Apfelsaft | 200 g Zucker
4 EL Sojasoße | 4 EL Apfelessig | Salz und Pfeffer

Zubereitung

1. Den Apfelsaft mit dem Essig und Zucker in einem kleinen Kochtopf zum Kochen bringen und einkochen lassen.
2. Die Äpfel waschen und in dünne Scheiben schneiden.
3. Die Haut des Hähnchens vorsichtig lösen und Apfelscheiben hineinstecken.
4. Das Hähnchen kräftig mit Salz und Pfeffer würzen.
5. Die Orangen auspressen und in die Auffangschale des Geflügelhalters füllen, das Hähnchen auf den Drehspieß stecken und ca. **70 Minuten** grillen.
6. Mit der Apfelsaft-Glasur mehrmals einstreichen.
7. Am Ende der Garzeit zerteilen und servieren.

Notizen______________________________

Bunte Grillspieße

Dauer
40 Minuten

Portion(en)
4
Ruhezeit: 2 Stunden

Schwierigkeit
leicht

Zutaten

600 g Schweinslungenbraten | 1 Zucchini | 1 Zwiebel | 1 Paprika
4 Knoblauchzehen | 1 Zitrone | 4 EL Olivenöl | 1 TL Oregano
1 TL Zucker | 1 TL Paprikapulver | Salz und Pfeffer

Zubereitung

1. Die Zitrone auspressen. Den Knoblauch schälen und klein schneiden.
2. Den Knoblauch mit dem Zitronensaft, Öl und den Gewürzen und dem Zucker vermischen.
3. Das Fleisch mit kaltem Wasser abspülen, trocken tupfen und in kleine Stücke schneiden.
4. Die Zucchini waschen, putzen und klein schneiden.
5. Das Fleisch und die Zucchini in eine Schüssel geben und mit der Marinade vermengen. Ca. **2 Stunden** ziehen lassen.
6. Die Zwiebel schälen und in kleine Stücke schneiden. Die Paprika waschen, putzen und klein schneiden.
7. Alle Zutaten abwechselnd aufspießen und von allen Seiten grillen.

Notizen______________________________

Chicken Wings

Dauer
40 Minuten

Portion(en)
4

Schwierigkeit
leicht

Ruhezeit: 2 Stunden o. über Nacht

Zutaten

1 kg Hähnchenflügel | 2 Zwiebeln | 2 Knoblauchzehen | 4 EL Ketchup
3 El Akazienhonig | 1 EL Kräuter | Salz und Pfeffer

Zubereitung

1. Die Zwiebeln und den Knoblauch schälen und ganz fein hacken. Mit den Gewürzen, dem Ketchup und dem Honig vermischen und die Hähnchenflügel damit marinieren. Min. **2 Stunden**, besser **über Nacht** ruhen lassen.
2. Die Chicken Wings für ca. **30 Minuten** grillen.

Notizen

Curry Spieße

Dauer
25 Minuten

Portion(en)
4
Ruhezeit: 2 Stunden

Schwierigkeit
leicht

Zutaten

400 g Hühnerbrustfilet | 150 ml Kokosmilch | 3 TL Curry
Salz und Pfeffer

Zubereitung

1. Das Fleisch mit kaltem Wasser abwaschen und trocken tupfen. Anschließend in Streifen schneiden.
2. Die Kokosmilch mit dem Curry vermischen. Mit Salz und Pfeffer würzen.
3. Das Fleisch marinieren und für ca. **2 Stunden** durchziehen lassen.
4. Das Fleisch wellenförmig auf Holspieße stecken und grillen.

Notizen______________________________

Entrecôte mit Lauchzwiebeln

Dauer
35 Minuten

Portion(en)
4

Schwierigkeit
mittel

Zutaten

250 g Entrecôte | 1 Bund Lauchzwiebeln | 500 g Cherry Tomaten
100 g Gorgonzola | 1 Zwiebel | 2 Knoblauchzehen | 1 Limette
6 EL Olivenöl | 100 g Sour Cream | 4 EL ½ TL Kreuzkümmel
Salz und Pfeffer

Zubereitung

1. Die Limette auspressen.
2. Die Zwiebel und den Knoblauch schälen und klein schneiden.
3. Das Öl mit dem Limettensaft, Kreuzkümmel, Zwiebeln und Knoblauch vermischen.
4. Mit Salz und Pfeffer würzen.
5. Die Milch mit Sour Cream und dem Gorgonzola verrühren.
6. Die Lauchzwiebeln waschen und putzen.
7. Die Tomaten waschen und auf Spieße stecken.
8. Das Fleisch mit Salz und Pfeffer würzen und von jeder Seite ca. **3 Minuten** grillen.
9. Die Tomaten und Lauchzwiebeln dazulegen und weitere **3 Minuten** grillen.
10. Das Fleisch mit der Kräuter-Limettensoße beträufeln.
11. Das Fleisch mit dem Gemüse anrichten und mit dem Dip servieren.

Notizen____________________

Frikadellen mit Zucchinigemüse

Dauer
50 Minuten

Portion(en)
4

Schwierigkeit
mittel

Zutaten

500 g Hackfleisch | 2 Zucchinis | 1 Zwiebel | 2 Knoblauchzehen
2 Scheiben Toastbrot | 1 Ei | 2 EL Öl | 1 TL Kreuzkümmel
½ TL Zimt | Salz und Pfeffer

Zubereitung

1. Die Zucchinis waschen und in Scheiben schneiden.
2. Das Toastbrot in Wasser einweichen.
3. Die Zwiebel und den Knoblauch schälen und klein schneiden.
4. Das Brot ausdrücken und mit dem Hackfleisch, Ei und den Gewürzen vermischen.
5. Aus der Masse 8 Frikadellen formen.
6. Die Frikadellen von jeder Seite **5 Minuten** grillen.
7. Die Zucchinischieben mit dem Öl, der Zwiebel und dem Knoblauch in einer Grillpfanne garen. Mit Salz und Pfeffer abschmecken.
8. Auf jeden Teller 1-2 Frikadellen und Grillgemüse geben.

Notizen______________________________

Fruchtige Hühnerbrust

Dauer
45 Minuten

Portion(en)
4

Schwierigkeit
mittel

Zutaten

4 Hühnerbrust | 16 Scheiben Bacon | 2 Bananen | 1 Mango | 1 Zucchini
12 Cherry Tomaten | ½Tl Curry | Salz und Pfeffer

Zubereitung

1. Die Mango schälen und die Hälfte klein schneiden.
2. Die Bananen schälen und mit einer Gabel in einer Schüssel zerdrücken.
3. Die Mangostücke mit der Banane vermengen und mit Curry, Salz und Pfeffer würzen.
4. Die Hühnerbrüste einschneiden, aber nicht durchschneiden.
5. Mit der Fruchtmasse befüllen und mit dem Bacon ummanteln.
6. Mit Zahnstochern fixieren.
7. Die Zucchini waschen und in Scheiben schneiden.
8. Die Cherry Tomaten waschen und abwechselnd mit den Zucchinischeiben aufspießen.
9. Die Spieße grillen.
10. Die restliche Mango klein schneiden und mit etwas Curry vermischen.
11. Je eine Hühnerbrust mit einem Gemüsespieß und Mangomus servieren.

Notizen______________________________

Gegrillte Gans

Dauer
4 Stunden

Portion(en)
6

Schwierigkeit
mittel

Zutaten

1 Gans | 3 Äpfel | 2 Orangen | 2 EL Öl | Majoran
Beifuß | Salz und Pfeffer

Zubereitung

1. Die Gans säubern.
2. Die Orange schälen und in Stücke schneiden.
3. Den Apfel entkernen und in Stücke schneiden.
4. In einer Pfanne das Öl erhitzen und die Orangen- und Apfelstücke darin scharf anbraten.
5. Die Gans von innen mit Majoran, Beifuß, Salz und Pfeffer würzen.
6. Mit dem Obst füllen und zunähen.
7. Die gefüllte Ganz auf einen Drehspieß stecken und ca. **3, 5 Stunden** bei mittlerer Hitze grillen.
8. Evtl. eine Wasserschale in den Grill stellen.

Notizen____

Gewürz Spareribs

Dauer	Portion(en)	Schwierigkeit
3 Stunden	4	mittel

Zutaten

1,5 kg Spareribs | 2 Knoblauchzehen | 2 Zwiebeln | 20 cl Ketchup
10 cl Apfelessig | 70 g brauner Zucker | 1 Zimtstange | 1 Sternanis
2 EL Butter | 1 St Ingwer

Zubereitung

1. Die Spareribs in einem großen Topf mit 2 l Wasser kochen. Ca. **1 ½ Stunden** kochen lassen.
2. In der Zwischenzeit die BBQ-Soße zubereiten.
3. Die Butter zerlassen.
4. Die Zwiebeln und den Knoblauch schälen und ganz fein schneiden.
5. Den Ingwer waschen und reiben.
6. Die Zwiebeln, den Knoblauch und den Ingwer kurz in der Butter andünsten.
7. Den Zucker zugeben und verrühren, bis er karamellisiert.
8. Mit Essig und Ketchup ablöschen, die Gewürze zugeben und ca. **15 Minuten** kochen lassen. Mit Salz und Pfeffer abschmecken.
9. Die Spareribs in eine Grillschale legen und mit der Marinade bestreichen.
10. Für ca. **45 Minuten** grillen, dabei mehrmals mit der BBQ-Soße einstreichen.

Notizen______________________________

Grillstelze vom Schwein

Dauer	Portion(en)	Schwierigkeit
2 Stunden	4	leicht

Zutaten

1 Schweinestelze | 6 Knoblauchzehen | 1 Zwiebel
2 Zweige Thymian | 1 Lorbeerblatt | Salz und Pfeffer

Zubereitung

1. Die Stelze in reichlich Wasser vorkochen.
2. Die Zwiebel und 3 Knoblauchzehen schälen und ganz zugeben.
3. Den Thymian, Salz, Pfeffer und das Lorbeerblatt zugeben.
4. Für ca. **40 Minuten** köcheln lassen.
5. Die Schwarte mehrmals einschneiden und mit Salz einreiben.
6. 3 Knoblauchzehen schälen, in Scheiben schneiden und in die Schnitte stecken.
7. Die Stelze auf einen Grillspieß stecken und bei geschlossenem Deckel, bei mittlerer Hitze grillen.

Notizen____

____

____

Gefüllte Spitzpaprika

Dauer	Portion(en)	Schwierigkeit
30 Minuten	4	leicht

Zutaten

8 Spitzpaprikas | 400 g Hackfleisch | 1 Ei | 1 EL Paniermehl
1 St. Ingwer | ½ TL Kardamom | Salz und Pfeffer

Zubereitung

1. Den Ingwer reiben.
2. Das Hackfleisch mit dem Ei, Paniermehl und den Gewürzen vermengen.
3. Die Paprikas waschen und der Länge nach halbieren, aber nicht zerteilen.
4. Mit Hackfleisch füllen und wieder leicht zudrücken.
5. Mit einem Zahnstecher fixieren.
6. Für ca. **10 Minuten** grillen.

Notizen

Gefüllter Wildschwein Rollbraten

Dauer	**Portion(en)**	**Schwierigkeit**
2 Stunden	4	schwer

Zutaten

1,5 kg Wildschweinbauch | 2 Zwiebeln | 8 Knoblauchzehen
50 g geriebener Parmesan | 6 Scheiben Bacon | 5 El Ahornsirup
4 EL Senf | 1 EL Zucker | Salz und Pfeffer

Zubereitung

1. Den Senf mit dem Ahornsirup verrühren.
2. Den Bacon, ohne Fett, auslassen. Danach vorsichtig zerkleinern.
3. Die Zwiebeln und den Knoblauch schälen und klein hacken. In dem Fett von dem Bacon auslassen und mit dem Zucker ca. **12 Minuten** karamellisieren lassen. Etwas abkühlen lassen und mit dem Parmesan, Bacon, Salz und Pfeffer vermengen.
4. In die Schwarte von dem Wildschweinbauch ein Gitter schneiden.
5. Das Fleisch mit der Schwartenseite nach unten hinlegen und aufschneiden, aber nicht durchschneiden.
6. Mit Salz und Pfeffer würzen und mit der Bacon-Zwiebel-Füllung füllen.
7. Das Fleisch aufrollen und mit Küchengarn zubinden.
8. Den Braten auf dem Grill bei direkter Hitze anbraten und dann ca. **45 Minuten** bei mittlerer Hitze (Kerntemperatur ca. **60 °C**) garen lassen.
9. Das Garn von dem Braten entfernen und in Scheiben schneiden.
10. Mit der Senf-Soße beträufeln und servieren.

Notizen____

____

____

Hähnchen Saltimbocca

Dauer	Portion(en)	Schwierigkeit
30 Minuten	2	leicht

Zutaten

2 Hähnchenbrustfilets | 2 Zitronen | 25 g getrocknete Tomaten
6 Scheiben Parmaschinken | 2 EL Zucker | 2 EL Olivenöl
1 EL geriebener Parmesan | Salbeiblätter | Salz und Pfeffer

Zubereitung

1. Die Tomaten abtropfen lassen und klein schneiden. Mit dem Parmesan, Olivenöl und Pfeffer vermischen.
2. Die Filets abwaschen, trocken tupfen und plattdrücken (in einem Gefrierbeutel mit einem Nudelholz).
3. Die Zitronen vierteln und in Zucker drücken.
4. Die plattierten Stücke mit der Tomatenmasse bestreichen.
5. Mit dem Parmaschinken belegen und in der Mitte zuklappen.
6. Je mit einem Salbeiblatt belegen und mit einem Holzspieß fixieren.
7. Die Spieße von jeder Seite ca. **6 Minuten** grillen.
8. Die Zitronenviertel ca. **3 Minuten** grillen.
9. Alles zusammen servieren.

Notizen______________________________

Hochrippe

Dauer
60 Minuten

Portion(en)
2

Schwierigkeit
leicht

Zutaten

300 g Hochrippe | 100 ml Gemüsebrühe | 2 EL Sojasoße
½TL Soßenbinder | 1 Zweig Rosmarin | 1 St. Ingwer
1 EL Öl | Salz und Pfeffer

Zubereitung

1. Den Ingwer reiben.
2. Die Gemüsebrühe erwärmen, den Ingwer zugeben.
3. Die Sojasoße zugeben. Mit Salz und Pfeffer abschmecken.
4. Den Soßenbinder einrühren und kurz aufkochen lassen.
5. Den Rosmarin waschen und abzupfen.
6. Das Fleisch mit dem Öl bestreichen und mit dem Rosmarin bestreuen.
7. Die Hochrippe für ca. **25 Minuten** grillen.
8. Vor dem Servieren **5 Minuten** ruhen lassen.
9. Mit der Soße servieren.

Notizen____

Honig Calvados Karre

Dauer
60 Minuten

Portion(en)
4
Ruhezeit: 1-2 Stunden

Schwierigkeit
leicht

Zutaten

4 Scheiben Schweinekarree | 150 ml Rotwein | 1 EL Tomatenmark
2 EL Calvados | 2 TL Honig | Salz und Pfeffer

Zubereitung

1. Ca. ¼ Rotwein mit dem Tomatenmark verrühren.
2. Den Honig mit dem Calvados und dem restlichen Rotwein verrühren und mit Salz und Pfeffer abschmecken.
3. Die Marinade mit den Karrescheiben in eine Schüssel legen und mit Alufolie abdecken.
4. Für ca. **1-2 Stunden** durchziehen lassen.
5. Die Karrescheiben gar grillen und z. B. mit Salat servieren.

Notizen______________________________

Honig Putenschnitzen

Dauer
30 Minuten

Portion(en)
4
Ruhezeit: 1 Stunde

Schwierigkeit
leicht

Zutaten

4 Putenschnitzel | 1 EL Honig | 1 Knoblauchzehe | 6 EL Olivenöl
Cayennepfeffer | Kräutersalz

Zubereitung

1. Die Schnitzel vorsichtig klopfen.
2. Den Knoblauch schälen und fein hacken.
3. Das Olivenöl mit dem Knoblauch und Honig vermengen.
4. Mit Salz und Cayennepfeffer würzen.
5. Die Schnitzel mit der Honigmarinade einstreichen und ca. **1 Stunde** marinieren lassen.
6. Von jeder Seite ca. **4 Minuten** grillen.

Notizen____

Hühnchen Süßkartoffel Spieße mit Honigmarinade

Dauer
45 Minuten

Portion(en)
4

Schwierigkeit
mittel

Zutaten

600 g Hühnchenbrustfilet | 1 Zwiebel | 1 Knoblauchzehe | 2 Süßkartoffeln
6 EL Honig | 1 EL Apfelessig | 1 EL Olivenöl | Salz und Pfeffer

Zubereitung

1. Die Süßkartoffeln schälen und in 2 cm dicke Scheiben schneiden.
2. Für **5 Minuten** in kochendes Wasser legen.
3. Den Honig mit dem Apfelessig vermischen.
4. Den Knoblauch pressen und zugeben. Mit Salz und Pfeffer würzen.
5. Die Zwiebel schälen und in einzelne Schichten trennen.
6. Die Zwiebelschichten mit den Süßkartoffeln und Olivenöl vermischen.
7. Die Hälfte der Marinade zugeben.
8. Mit der anderen Hälfte die Filets einreiben.
9. Die Zutaten auf Holzspieße aufspießen und für ca. **10 Minuten** grillen.

Notizen____

Kalbskoteletts mit süßen Tomaten

Dauer
40 Minuten

Portion(en)
2
Ruhezeit: 2 Stunden

Schwierigkeit
mittel

Zutaten

2 Kalbskoteletts | 1 Knoblauchzehe | 2 Tomaten | 2 EL Olivenöl
1 TL Sambal Oelek | 1 TL Rosmarin | 1 TL brauner Zucker
1 TL Senf | Salz und Pfeffer

Zubereitung

1. Den Knoblauch schälen und klein schneiden.
2. Den Senf mit dem Öl, Rosmarin, Knoblauch und Sambal Oelek verrühren.
3. In die Koteletts seitlich eine Tasche schneiden und mit der Marinade füllen. Für min. **2 Stunden** ruhen lassen.
4. Die Tomaten halbieren und mit dem Zucker bestreuen.
5. Die Koteletts von jeder Seite ca. **4 Minuten** grillen und dann bei **indirekter Hitze** an die Seite legen, bis sie gar sind.
6. Die Tomaten mit der Schnittfläche nach unten legen und **2 Minuten** grillen.
7. Auf 2 Teller anrichten und genießen.

Notizen______________________________

Knusprige Entenbrust

Dauer	Portion(en)	Schwierigkeit
45 Minuten	4	leicht

Zutaten

2-3 Entenbrüste | 1 Ei | 75 g Butter | 40 g Walnusskerne
2 EL Paniermehl | 2 EL Öl | Salz und Pfeffer

Zubereitung

1. Die Entenbrüste mit kaltem Wasser abspülen und trocken tupfen.
2. Mit Salz und Pfeffer würzen.
3. Die Walnüsse mit einem Messer grob hacken und in einer Grillschale, ohne Fett, anrösten.
4. Die Butter schaumig rühren, das Ei, Paniermehl und die Nüsse zugeben. Mit Salz und Pfeffer abschmecken.
5. Die Entenbrüste mit Olivenöl einstreichen und von beiden Seiten kurz braten.
6. Auf die obere Seite die Nussmischung streichen und ca. **10 Minuten** grillen.
7. Vom Grill nehmen, weitere **10 Minuten** ruhen lassen, in Scheiben schneiden und servieren.

Notizen____________________

Kürbisspalten im Speckmantel

Dauer	Portion(en)	Schwierigkeit
40 Minuten	4	leicht

Zutaten

1 Kürbis | 200 g Rohschinken | Rosmarin | 2 EL Olivenöl

Zubereitung

1. Den Kürbis schälen, entkernen und in 2 cm dicke Scheiben schneiden.
2. Die Scheiben mit Öl bepinseln und mit gerebeltem Rosmarin bestreuen.
3. Mit dem Rohschinken einwickeln und in eine Grillschale legen.
4. Für ca. **20 Minuten** grillen.

Notizen____

Lamm am Spieß

Dauer
100 Minuten

Portion(en)
4

Schwierigkeit
mittel

Ruhezeit: 3 Stunden o. über Nacht

Zutaten

1 Lammstelze mit Knochen | 6 Knoblauchzehen | Olivenöl
2 EL italienische Kräuter | Salz und Pfeffer

Zubereitung

1. Den Knoblauch schälen, drei Zehen pressen, drei Zehen in Scheiben schneiden.
2. Den gepressten Knoblauch mit den Kräutern, Salz und Pfeffer und ca. 150 ml Olivenöl vermischen.
3. Die Lammstelze einige Male, ringsherum einschneiden.
4. Die Knoblauchscheiben hineinstecken.
5. Die ganze Stelze mit der Marinade einreiben.
6. Für ca. **3 Stunden**, besser **über Nacht** mit Frischhaltefolie einwickeln und ruhen lassen.
7. Die Folie entfernen und die Stelze auf einen Drehspieß stecken
8. Bei **indirekter Hitze** und geschlossenem Deckel ca. **1 Stunde** grillen.
9. Währenddessen immer wieder mit der Marinade bestreichen.

Notizen____

Lamm Auberginen Spieße

Dauer
35 Minuten

Portion(en)
4
Ruhezeit: 2 Stunden

Schwierigkeit
leicht

Zutaten

200 g Lammfleisch | 2 Auberginen | 4 Knoblauchzehen | 6 EL Olivenöl
1 TL Senf | Salz und Pfeffer

Zubereitung

1. Den Knoblauch schälen, fein hacken und mit dem Senf, Öl, Salz und Pfeffer vermengen.
2. Die Auberginen waschen und in Stücke schneiden.
3. Das Lammfleisch in Würfel schneiden.
4. Das Fleisch und die Auberginen mit der Marinade vermengen und ca. **2 Stunden** ziehen lassen.
5. Abwechselnd aufspießen und grillen.

Notizen______________________________

Lammkeule

Dauer
75 Minuten

Portion(en)
4
Ruhezeit: 2 Stunden

Schwierigkeit
mittel

Zutaten

1 kg Lammkeule | 4 Zwiebeln | 250 ml Rotweinessig | 4 EL Öl
4 EL Aprikosenmarmelade | 1 EL Kurkuma | 3 Gewürznelken
4 Pimentkörner | 1 Zimtstange | 2 Lorbeerblätter | Salz und Pfeffer

Zubereitung

1. Das Öl mit dem Kurkuma und dem Essig vermischen.
2. Die Pimentkörner und die Nelken mit einem Mörser zerstoßen und zu der Marinade geben.
3. Die Lorbeerblätter, Zimtstange und die Aprikosenmarmelade ebenfalls zugeben.
4. Das Lammfleisch in Stücke schneiden und mit der Marinade vermischen und min. **2 Stunden** durchzeihen lassen.
5. Die Zwiebeln schälen und vierteln.
6. Abwechselnd mit dem Fleisch aufspießen und mit etwas Marinade bestreichen. Ggf. mit Pfeffer und Salz würzen.
7. Für ca. **8 Minuten** von allen Seiten grillen.

Notizen

Lammwürste an Feigensenf

Dauer	**Portion(en)**	**Schwierigkeit**
25 Minuten	4	leicht

Zutaten

4 Lammbratwürste | 100 g getrocknete Feigen | 300 ml Rotwein
100 ml Portwein | 1 EL Zucker | 150 g Senf

Zubereitung

1. Die Lammbratwürste ca. **15 Minuten** grillen.
2. Die Feigen in einem Mixer zerkleinern.
3. Die Feigen mit dem Senf, Wein, Portwein und Zucker verrühren und zu den Würsten servieren.

Notizen

Ochsenkoteletts mit Gemüsemarinade

Dauer
90 Minuten

Portion(en)
4
Ruhezeit: 1 Stunde

Schwierigkeit
mittel

Zutaten

4 Ochsenkoteletts | 1 Zitrone | 200 ml dunkles Bier | 2 Tomaten
2 Stangen lauchzwiebeln | 2 EL Sojasoße | 2 EL Sonnenblumenöl
2 TL Honig | 1 EL Kräuter der Provence | Salz und Pfeffer

Zubereitung

1. Das Fleisch vom Knochen her minimal einschneiden.
2. Die Zitrone abreiben und den Saft auspressen.
3. In einer großen Schüssel das Öl mit den Kräutern vermischen und mit dem Zitronenabrieb, Saft und Honig verrühren.
4. Das Bier und das Fleisch zugeben und miteinander vermengen.
5. Min. **1 Stunde** durchziehen lassen.
6. Das Fleisch ca. **7 Minuten** von beiden Seiten grillen.
7. Die Lauchzwiebeln waschen, putzen und in feine Ringe schneiden.
8. Die Tomaten waschen und klein schneiden.
9. Beides miteinander vermengen und mit der Sojasoße marinieren.
10. Die Steaks auf Teller verteilen und von dem Gemüse zugeben.

Notizen____

Pesto Lamm Chops

Dauer	Portion(en)	Schwierigkeit
80 Minuten	4	mittel

Zutaten

1 kg Lammkeule | 25 g Pinienkerne | 1 TL Zitronensaft | 150 ml Olivenöl
1 Knoblauchzehe | Weinblätter | 1 Bund Basilikum | Salz und Pfeffer

Zubereitung

1. Die Pinienkerne in einer Pfanne ohne Fett anrösten.
2. Den Knoblauch schälen und grob zerkleinern.
3. Die Blätter von dem Basilikum abzupfen und waschen. Mit dem Knoblauch, Zitronensaft und 150 ml Öl pürieren, dass ein feines Pesto entsteht.
4. Die Lammkeule mit dem Pesto marinieren und mit Pfeffer und Salz würzen.
5. Die Weinblätter **5 Minuten** in kaltes Wasser legen. Anschließend abtropfen lassen und die Stiele abschneiden.
6. Jeweils 3 Weinblätter überlappend auslegen und eine Lammkeule darin einwickeln.
7. Bei mittlerer Hitze ca. **20 Minuten** grillen. Anschließend kurz ruhen lassen und servieren.

Notizen____

Porterhousesteaks

Dauer
20 Minuten

Portion(en)
2
Ruhezeit: 1 Stunde

Schwierigkeit
leicht

Zutaten

2 Porterhousesteaks | 1 Knoblauchzehe | 1 EL Sonnenblumenöl
Salz und Pfeffer

Zubereitung

1. Den Knoblauch schälen und halbieren.
2. Das Fleisch mit dem Knoblauch einreiben.
3. Das Öl mit Salz und Pfeffer vermischen, die Steaks damit bestreichen und ca. **1 Stunde** durchziehen lassen.
4. Von jeder Seite kurz scharf anbraten, dann die Hitze leicht reduzieren und ca. **8 Minuten** garen.
5. Das Fleisch vor dem Servieren kurz ruhen lassen.

Notizen______________________________

Rehspieße mit Champignons

Dauer
45 Minuten

Portion(en)
4

Schwierigkeit
leicht

Zutaten

400 g Rehrücken | 20 Champignons | 8 Scheiben Speck
4 Salbeiblätter | 4 EL Öl | Salz und Pfeffer

Zubereitung

1. Den Salbei fein hacken und mit dem Öl, Salz und Pfeffer in einer großen Schüssel zu einer Marinade verarbeiten.
2. Den Rehrücken mit kaltem Wasser abspülen und trocken tupfen. In Würfel schneiden und zu der Marinade geben.
3. Die Champignons waschen, halbieren und zugeben.
4. Den Speck klein schneiden und zugeben.
5. Für ca. **20 Minuten** durchziehen lassen.
6. Die Zutaten abwechselnd auf einen Spieß stecken.
7. Für ca. **12 Minuten** grillen.

Notizen____________________________

Rehvorderlauf

Dauer
80 Minuten

Portion(en)
4

Schwierigkeit
mittel

Zutaten

2 Reh-Vorderläufe | 1 l Rehfond | 100 g Bacon-Scheiben
1 Bund Suppengrün | 400 ml Rotwein | 2 Zwiebeln
2 Knoblauchzehe | Salz und Pfeffer

Zubereitung

1. Das Suppengrün waschen und in grobe Stücke schneiden.
2. Die Zwiebeln und den Knoblauch schälen und klein schneiden.
3. Die Reh-Vorderläufe scharf auf dem Grill anbraten.
4. Das Fleisch anschließend in eine Form legen und mit dem Fond und der Hälfte des Weins aufgießen.
5. Mit dem Bacon abdecken.
6. Das Gemüse zugeben und bei **indirekter Hitze** grillen.
7. Den restlichen Wein nach und nach zugeben.
8. Nach ca. **1 Stunde** die Kerntemperatur kontrollieren. Sie sollte bei etwa **60 °C** liegen.
9. Die Soße mit Salz und Pfeffer abschmecken.
10. Die Reh-Vorderläufe entfleischen und genießen.

Notizen____

Roastbeef in Senfkruste

Dauer	**Portion(en)**	**Schwierigkeit**
60 Minuten	4	mittel

Zutaten

600 g Roastbeef | 1 Knoblauchzehe | 2 El Paniermehl
2 EL Senf | Salz und Pfeffer

Zubereitung

1. Das Fleisch mit Salz und Pfeffer würzen.
2. Den Knoblauch schälen, klein schneiden und mit dem Senf und Paniermehl vermischen.
3. Das Roastbeef bei starker Hitze von beiden Seiten scharf angrillen.
4. Das Fleisch vom Grill nehmen und mit der Senfmarinade bestreichen.
5. Das Fleisch wieder auf den Grill legen und bei niedriger Hitze fertig garen lassen.

Notizen

Sate Spieße

Dauer
45 Minuten

Portion(en)
4
Ruhezeit: 1 Stunde

Schwierigkeit
mittel

Zutaten

750 g Hühnerbrustfilet | 1 Zwiebel | 3 Knoblauchzehen | 1 Limette
200 ml Kokosmilch | 2 EL Sojasoße | 1 TL Ingwerpulver
2 TL Korianderpulver | 1 TL Sambal Oelek | 6 EL Sesamöl
1 EL Currypaste | 3 EL Erdnussmus | Puderzucker | Salz

Zubereitung

1. Die Zwiebel und den Knoblauch schälen und fein hacken.
2. 4 EL Öl in einer Pfanne erhitzen und den Koriander, das Sambal Oelek, Zwiebeln, Knoblauch, Sojasoße und Ingwerpulver kurz scharf anbraten.
3. Die Marinade in eine Schüssel umfüllen und abkühlen lassen.
4. Das Filet mit kaltem Wasser abspülen, trocken tupfen, auf die Spieße aufspießen und in die Marinade geben. Ca. **1 Stunde** ziehen lassen.
5. In der Zwischenzeit die Limette auspressen, 2 EL Sesamöl in einem Topf erhitzen und die Currypaste einrühren.
6. Den Limettensaft zugeben.
7. Mit der Kokosnussmilch auffüllen und das Erdnussmus einrühren.
8. Mit Puderzucker und Salz abschmecken.
9. Die Spieße kurz von allen Seiten grillen und mit der Soße servieren.

Notizen____

Schweinefielt an Maronen

Dauer
30 Minuten

Portion(en)
4

Schwierigkeit
mittel

Zutaten

500 g Schweinefilet | 500 g Maronen | 1 Zitrone | 250 g Dörrpflaumen
250 g Speck | 200 ml Wasser | 3 Gewürznelken | Salz und Pfeffer

Zubereitung

1. Die Maronen kreuzförmig einschneiden und in einer Grillschale anrösten, bis sie dunkelbraun sind.
2. Das Fleisch der Länge nach einschneiden.
3. Die Zitronenschale abreiben, den Saft auspressen und mit den Nelken und Dörrpflaumen kurz aufkochen lassen.
4. Das Fleisch damit füllen, das Fleisch schließen und mit Zahnstochern fixieren.
5. Außen mit Salz und Pfeffer würzen.
6. Das Fleisch auf dem Grill von allen Seiten kurz anbraten.
7. Das Fleisch vom Grill nehmen, die Zahnstocher entfernen und das Fleisch mit dem Spack umwickeln.
8. Von allen Seiten kurz anbraten.
9. Das Fleisch in Alufolie packen und bei **indirekter Hitze** ca. **15 Minuten** garen lassen.

Notizen____

Schweinemedaillons

Dauer	Portion(en)	Schwierigkeit
45 Minuten	4	leicht

Zutaten

600 g Schweinemedaillons | 700 g Tomaten | 125 g Blauschimmelkäse
1 Knoblauchzehe | 5 EL Olivenöl | Salz und Pfeffer

Zubereitung

1. Den Knoblauch schälen und fein hacken.
2. Die Tomaten waschen und in grobe Scheiben schneiden.
3. Die Medaillons ca. 2 cm einschneiden, flach drücken und mit Salz und Pfeffer würzen, den Käse hineingeben. Wieder zuklappen.
4. Alles in eine Grillschale geben und mit dem Öl beträufeln. Mit Salz und Pfeffer würzen.
5. Für ca. **10 Minuten** grillen.

Notizen

Schweine Spieße

Dauer	Portion(en)	Schwierigkeit
30 Minuten	2	leicht

Zutaten

300 g Schweinefilet | 1 Chilischote | 3 EL Sojasoße | 6 EL Olivenöl
½ Korianderpulver | 1 TL Zitronensaft

Zubereitung

1. Das Filet in feine Scheiben schneiden, auf die Spieße aufspießen und mit der Sojasoße in einer Form marinieren.
2. Die Chilischote entkernen, klein schneiden mit dem Olivenöl, dem Korianderpulver und dem Zitronensaft mischen.
3. Die Spieße ca. **5 Minuten** grillen und dabei mit dem Öl beträufeln.

Notizen____

Spareribs

Dauer
75 Minuten

Portion(en)
4
Ruhezeit: 2 Stunden

Schwierigkeit
mittel

Zutaten

1,5 kg Schweinerippchen | 1 Zwiebel | 4 Knoblauchzehen | 1 Zitrone
1 Chilischote | 3 EL Sojasoße | 4 EL Ketchup | 2 EL Ahornsirup

Zubereitung

1. Die Zitrone heiß abwaschen und die Schale abreiben, den Saft auspressen.
2. Die Knoblauchzehen auspressen und mit der Zitronenschale, dem Saft und den Gewürzen vermengen.
3. Die Chilischote entkernen, fein hacken und zugeben.
4. Die Rippchen marinieren und ca. **2 Stunden** ziehen lassen.
5. Für ca. **60 Minuten** bei mittlerer Temperatur grillen.

Notizen______________________________

Speck Bomben

Dauer	Portion(en)	Schwierigkeit
80 Minuten	4	leicht

Zutaten

4 Schweineschnitzel | 4 Bratwürste | 24 Scheiben Speck | Senf

Zubereitung

1. Die Schnitzel dünn ausklopfen und mit Senf bestreichen.
2. Die Haut von der Wurst entfernen und mit dem Schnitzel umwickeln.
3. Jeweils 6 Schieben Speck ineinander verflechten und die Schnitzel damit umwickeln. Evtl. mit Zahnstocher fixieren.
4. Die Speck Bomben auf dem Grill kurz scharf anbraten und dann bei mittlerer Temperatur ca. **1 Stunde** grillen, dabei mehrmals wenden.

Notizen____

Steakröllchen mit Ziegenfrischkäse

Dauer
40 Minuten

Portion(en)
4

Schwierigkeit
leicht

Zutaten

4 Rinderhüftsteaks | 80 g Ziegenfrischkäse | 8 Scheiben Bacon
8 Backpflaumen | Salz und Pfeffer

Zubereitung

1. Die Steaks flachklopfen und mit Salz und Pfeffer würzen.
2. Die Backpflaumen mit etwas Frischkäse füllen.
3. Den restlichen Frischkäse auf die Steaks streichen.
4. Jedes Steak mit 2 Scheiben Bacon belegen.
5. Je 2 Pflaumen darauflegen und die Steaks einrollen. Mit Zahnstochern fixieren.
6. Für ca. **10 Minuten** grillen.

Notizen____

Steaks mit Datteln

Dauer	Portion(en)	Schwierigkeit
90 Minuten	4	mittel

Zutaten

800 g Flansteaks | 2 Zwiebeln | 2 Knoblauchzehen | 12 Datteln
1 Zitrone | 2 El Senf | 2 EL Olivenöl | 4 Zweige Thymian
1 Chilischote | Salz und Pfeffer

Zubereitung

1. Die Datteln klein schneiden.
2. Die Chilischote entkernen und klein schneiden.
3. Die Zwiebeln und den Knoblauch schälen und fein hacken.
4. Die Datteln mit den Zwiebeln, dem Knoblauch, der Chili, dem Senf, Öl und den Thymianblättchen in einer kleinen Schüssel vermischen. Mit Pfeffer und Salz würzen.
5. Die Zitrone halbieren und mit einer Hälfte den Grill einreiben.
6. Die Steaks für ca. **30 Minuten** grillen.
7. Anschließend für ca. **20 Minuten** am Rand des Grills ruhen lassen.
8. Vor dem Servieren noch einmal **3 Minuten** von jeder Seite scharf anbraten.
9. Die Steaks auf ein Brett legen und mit der anderen Zitronenhälfte beträufeln.
10. Das Fleisch mit der Marinade bestreichen, dünn aufschneiden und servieren.

Notizen____

Steaks mit gegrillter Paprika

Dauer	Portion(en)	Schwierigkeit
40 Minuten	2	leicht

Zutaten

2 Steaks | 4 Paprikas | 1 Kräuterbaguette | 1 TL Öl | Salz und Pfeffer

Zubereitung

1. Die Paprikas waschen, entkernen und vierteln. Mit Öl bestreichen.
2. Die Steaks mit Salz und Pfeffer würzen.
3. Beides auf den Grill legen und anbraten.
4. Das Baguette in Scheiben schneiden und ebenfalls kurz auf den Grill legen.
5. Anrichten und genießen.

Notizen____

T-Bone-Steak

Dauer
2 Minuten

Portion(en)
2

Schwierigkeit
leicht

Ruhezeit: 2 Stunden o. über Nacht

Zutaten

2 T-Bone Steaks | 2 Knoblauchzehen | 1 Zwiebel
1 EL italienische Kräuter | 2 EL Sojasoße | Olivenöl | Salz und Pfeffer

Zubereitung

1. Die Zwiebel und den Knoblauch schälen und fein hacken. Mit den Kräutern, der Sojasoße, dem Olivenöl, Salz und Pfeffer mischen und das Fleisch damit marinieren.
2. Für min. **2 Stunden**, besser **über Nacht**, ruhen lassen.
3. Das Fleisch vor dem Grillen aus dem Kühlschrank nehmen und dann für ca. **4 Minuten** von jeder Seite grillen.
4. Danach ca. **5 Minuten** bei **indirekter Hitze** garen lassen.

Notizen____

Tropical Koteletts

Dauer	Portion(en)	Schwierigkeit
30 Minuten	4	leicht

Ruhezeit: 2 Stunden

Zutaten

4 Schweinekoteletts | 8 Ananasscheiben | Olivenöl | Thymian
1 Zweig Estragon | 1 Zweig Currykraut | Salz und Pfeffer

Zubereitung

1. Die Kräuter mit etwas Olivenöl, Salz und Pfeffer in einer Schüssel vermengen und das Fleisch hineinlegen und mehrmals wenden.
2. Abdecken und ca. **2 Stunden** im Kühlschrank durchziehen lassen.
3. Die Koteletts mit den Ananasscheiben auf eine Grillschale legen und grillen, bis das Fleisch gar ist.

Notizen____

Wiener Spieße

Dauer	Portion(en)	Schwierigkeit
15 Minuten	4	leicht

Zutaten

4 Wiener Würstchen | 4 Scheiben Bacon | 2 rote Zwiebeln
2 Paprikas | 4 Champignons | Salz und Pfeffer

Zubereitung

1. Die Würstchen klein schneiden.
2. Die Champignons, Paprikas und Zwiebeln, waschen, schälen und klein schneiden.
3. Alle Zutaten auf 4 Holzspieße spießen.
4. Von allen Seiten grillen.

Notizen____

Wildschwein Burger

Dauer	**Portion(en)**	**Schwierigkeit**
30 Minuten	4	leicht

Zutaten

4 Brötchen n. B. | 500 g Wildschweinhackfleisch | 75 g Speck
3 Zwiebeln | 2 Eier | 4 EL Paniermehl | 1 TL Tomatenmark
½ TL Piment | Salz und Pfeffer

Zubereitung

1. Das Hackfleisch in eine Schüssel geben und alle Zutaten, außer die Brötchen, zugeben und alles gut vermischen.
2. Die Masse kurz durchziehen lassen.
3. Mit feuchten Händen Pattys formen und von jeder Seite ca. **5 Minuten** grillen.
4. Nach Belieben mit Dips, Soßen, Salat, Tomaten, etc. belegen.

Notizen____

Wildschwein in Glühweinsoße

Dauer
60 Minuten

Portion(en)
4
Ruhezeit: über Nacht

Schwierigkeit
mittel

Zutaten

1 kg Wildschweinbraten | 2 Zwiebeln | 2 Karotten | 75 g Sellerie
500 ml Glühwein | 150 ml Sahne | 2 EL Tomatenmark | 1 EL Öl
3 EL Preiselbeermarmelade | Lorbeerblätter
Wachholderbeeren | Salz und Pfeffer

Zubereitung

1. Das Gemüse schälen und klein schneiden.
2. Den Glühwein mit den Lorbeerblättern, Wachholderbeeren und dem Gemüse aufkochen.
3. Den Braten in den Glühweinsud legen und **über Nacht** durchziehen lassen.
4. Den Braten aus dem Sud nehmen und mit Salz und Pfeffer würzen.
5. Das Fleisch auf den Grill legen.
6. Den Sud abseihen und auffangen.
7. Das Gemüse in einen Topf geben. Das Tomatenmark und die Preiselbeermarmelade zugeben und aufkochen lassen.
8. Mit dem Sud ablöschen.
9. Die Sahne zugeben und mit Salz und Pfeffer abschmecken.
10. Das gare Fleisch mit der Soße servieren.

Notizen____

____

____

Winterliche Burger

Dauer
50 Minuten

Portion(en)
4

Schwierigkeit
leicht

Zutaten

4 Hamburgerbrötchen | 500 g Rinderhackfleisch | 1 Ei | 2 Zwiebeln
1 TL Oregano | 1 EL Paniermehl | 1 EL Senf | Salz und Pfeffer

Zubereitung

1. Die Zwiebel schälen und fein hacken.
2. Das Hackfleisch mit der Zwiebel, dem Ei, Paniermehl und den Gewürzen vermengen und kurz durchziehen lassen.
3. 4 gleichgroße Pattys formen.
4. Die Burger von beiden Seiten ca. **10 Minuten** grillen.
5. Die Hamburgerbrötchen evtl. halbieren und auf den Grill legen.
6. Mit Cheddar, Tomate, Gurke, Essiggurken, Salat, etc. servieren.

Notizen____

Winter Hot Dogs

Dauer
60 Minuten

Portion(en)
4
Ruhezeit: 3 Stunden

Schwierigkeit
mittel

Zutaten

8 Bratwürste | 8 Hotdog-Brötchen | 3 Zwiebeln | 25 g Zucker
3 EL Öl | 2 TL Senf | 250 ml Rotwein | 25 ml Balsamicoessig
20 ml Orangensaft | Salz Pfeffer

Zubereitung

1. Die Zwiebeln schälen, klein schneiden und in dem Öl dünsten.
2. Den Senf zugeben.
3. Den Zucker zugeben und karamellisieren lassen.
4. Mit dem Orangensaft und Balsamico ablöschen und köcheln lassen.
5. Den Rotwein zugeben und ca. **10 Minuten** köcheln lassen.
6. Die Soße auskühlen lassen.
7. Die Würstchen einschneiden und mit einer Gabel mehrmals einsteichen.
8. Die Soße in eine abdeckbare Form geben und die Würstchen hineinlegen.
9. Für min. **3 Stunden** durchziehen lassen.
10. Die Würstchen grillen.
11. Die Soße in einem Topf warm machen.
12. Mit Salz und Pfeffer abschmecken.
13. Die Würstchen im Hotdog Brötchen mit etwas Soße servieren.

Notizen____

Würstchen im Teigmantel

Dauer	Portion(en)	Schwierigkeit
20 Minuten	4	leicht

Zutaten

8 Käse-Würstchen | ½ Pck. Blätterteig | 1 Ei | 1 EL Milch | Sesam

Zubereitung

1. Den Blätterteig in feine Streifen schneiden.
2. Die Würstchen mit den Teigstreifen umwickeln, dass wie ein Gittermuster entsteht.
3. Das Ei mit der Milch in einer kleinen Schüssel verquirlen.
4. Den Blätterteig damit bestreichen und mit Sesam bestreuen.
5. Für ca. **12 Minuten** grillen.

Notizen

Chili Kartoffeln

Dauer	Portion(en)	Schwierigkeit
45 Minuten	4	leicht

Zutaten

8 Kartoffeln | 150 g Butter | 1 Chilischote | Salz und Pfeffer

Zubereitung

1. Die Chilischote entkernen, klein schneiden und mit der Butter vermengen.
2. Mit Salz und Pfeffer würzen.
3. Die Kartoffeln waschen, in Scheiben schneiden und Alufolie packen. Zwischen die Scheiben etwas von der Chili Butter geben. Die Alufolie schließen.
4. Die Päckchen in glühende Kohlen stecken und ca. **25-30 Minuten** garen lassen.

Notizen____

Feta Päckchen

Dauer
25 Minuten

Portion(en)
4

Schwierigkeit
leicht

Zutaten

500 g Feta | 2 Knoblauchzehen | 125 g getrocknete Tomaten
40 g Pinienkerne | 4 Stiele Thymian

Zubereitung

1. Die getrockneten Tomaten abtropfen lassen, das Öl auffangen und etwas zerkleinern.
2. Den Knoblauch schälen und in feine Scheiben schneiden.
3. Den Feta in ca. 1,5 cm dicke Scheiben schneiden.
4. 4 Stück Alufolie zurechtlegen und Feta, Tomaten, Knoblauch und je ein Thymianstiel darauflegen. Je 1 TL Pinienkerne darüber streuen.
5. Zu Päckchen packen und anschließend ca. **7 Minuten** grillen.

Notizen____

Gefüllte Champignons

Dauer	Portion(en)	Schwierigkeit
20 Minuten	4	leicht

Zutaten

20 Champignons | 1 Pck. Frischkäse (Kräuter oder Natur) | Schnittlauch

Zubereitung

1. Die Champignons waschen, den Stiel entfernen und mit einem TL Frischkäse füllen.
2. Den Schnittlauch waschen, hacken und über den Frischkäse streuen.
3. Die Pilze in eine Grillschale legen und ca. **12 Minuten** grillen.

Notizen____

Gefüllte Kartoffeln vom Grill

Dauer	Portion(en)	Schwierigkeit
30 Minuten	4	mittel

Zutaten

4 große Kartoffeln | 1 Stangensellerie | 60 g geriebener Käse
40 ml Sahne | 2 EL Sauerrahm | 1 EL Olivenöl | 1 Prise Muskatnuss
Salz und Pfeffer

Zubereitung

1. Die Kartoffeln abwaschen und trockenreiben. Der Länge nach einschneiden und aushöhlen.
2. Die Innenseite mit dem Olivenöl bestreichen.
3. Die Kartoffeln auf den Grill legen und grillen, bis sie leicht braun sind.
4. In der Zwischenzeit den Sellerie waschen, putzen und klein schneiden.
5. Die Kartoffelstücke und den Sellerie in Salzwasser kochen.
6. Anschließen mit dem Sauerrahm, der Sahne, dem Käse und den Gewürzen pürieren.
7. Die gegrillten Kartoffeln mit der Creme füllen.
8. Für ca. **5 Minuten** grillen.

Notizen________________________________

Gefüllte Paprikahälften

Dauer	Portion(en)	Schwierigkeit
30 Minuten	4	leicht

Zutaten

4 Paprikas | 200 g Feta | 10 Oliven | 40 g getrocknete Tomaten
50 g Kapern | 60 g Croutons | Salz und Pfeffer

Zubereitung

1. Die Paprikas waschen, entkernen und halbieren.
2. Den Feta, die Oliven und die getrockneten Tomaten klein schneiden und mit den Kapern und den Croutons vermischen. Mit Salz und Pfeffer würzen.
3. Die Paprikahälften mit der Masse füllen.
4. Ca. **12 Minuten** grillen.

Notizen________________________________

Gefüllte Tomaten

Dauer
45 Minuten

Portion(en)
2

Schwierigkeit
leicht

Zutaten

4 Tomaten | 1 Zwiebel | 2 EL Olivenöl | Thymian | Salz und Pfeffer

Zubereitung

1. Die Tomaten waschen und den Deckel abschneiden.
2. Mit einem Löffel etwas von dem Fruchtfleisch herauslöffeln und klein schneiden.
3. Die Zwiebel schälen und klein schneiden.
4. Die Tomatenstücke mit der Zwiebel, Olivenöl und dem Thymian mischen. Mit Salz und Pfeffer abschmecken.
5. Die Tomaten damit füllen und den Deckel wieder daraufsetzten.
6. Die Tomaten in Alufolie wickeln und ca. **30 Minuten** bei mittlerer Hitze grillen.

Notizen____

Gegrillter Feta

Dauer
20 Minuten

Portion(en)
2

Schwierigkeit
leicht

Zutaten

1 Feta | 1 Tomate | 1 Knoblauchzehe | 1 TL Olivenöl
Basilikum | Salz und Pfeffer

Zubereitung

1. Den Feta abtropfen lassen und auf ein Stück Alufolie legen.
2. Den Knoblauch pressen und darüber geben.
3. Mit dem Olivenöl beträufeln.
4. Mit Salz und Pfeffer würzen und die Alufolie verschließen.
5. Für ca. **10 Minuten** grillen.
6. Aus der Folie nehmen und mit Basilikumblättern garnieren.

Notizen____

Gegrillter Chicorée mit Gorgonzola

Dauer	**Portion(en)**	**Schwierigkeit**
45 Minuten	4	mittel

Zutaten

4 weiße Chicorée | 200 g geriebener Käse | 100 g Gorgonzola
1 EL Honig | 1 EL weißer Balsamico | 2 EL Olivenöl | 2 EL Paniermehl
2 EL Creme fraiche | 2 TL Kräuter der Provence | Salz und Pfeffer

Zubereitung

1. Den Chicorée halbieren und den Strunk entfernen.
2. Mit Salz und Pfeffer würzen, ca. **30 Minuten** marinieren lassen.
3. Den Balsamico mit dem Olivenöl und Honig verrühren.
4. Den Chicorée damit marinieren.
5. Den Chicorée mit den Schnittflächen nach unten ca. **3 Minuten** grillen.
6. Den Chicorée vom Grill nehmen und in eine Auflaufform legen.
7. Den Gorgonzola würfeln und darüber geben.
8. Den geriebenen Käse, mit der Creme fraiche und den Kräutern vermengen und zugeben.
9. Mit dem Paniermehl bestreuen.
10. In der Auflaufform ca. **20 Minuten** grillen.

Notizen______________________________

Gegrillte Steckrüben mit Frischkäse Dip

Dauer	Portion(en)	Schwierigkeit
25 Minuten	2	leicht

Zutaten

1 Steckrübe | 200 g Frischkäse | 2 EL Öl
2 EL italienische Kräuter | Salz und Pfeffer

Zubereitung

1. Die Steckrübe in ca. 0,5 cm dicke Scheiben schneiden.
2. Mit Öl bepinseln und mit Salz und Pfeffer würzen.
3. Den Frischkäse mit Salz und Pfeffer würzen, die Kräuter zugeben und alles gut umrühren.
4. Die Steckrüben für ca. **8 Minuten** von beiden Seiten grillen.
5. Die Steckrüben mit dem Frischkäse Dip servieren.

Notizen____

Gegrillte Süßkartoffeln

Dauer
30 Minuten

Portion(en)
2

Schwierigkeit
leicht

Zutaten

2 Süßkartoffeln | 100 g Frischkäse | 75 g Creme fraiche
1 Bund Schnittlauch | 1 EL Olivenöl | Salz und Pfeffer

Zubereitung

1. Die Süßkartoffeln waschen, mit dem Olivenöl beträufeln und mit Alufolie einpacken.
2. Für ca. **20 Minuten** grillen.
3. Den Schnittlauch waschen und fein hacken.
4. Den Frischkäse mit der Creme fraiche verrühren.
5. Den Schnittlauch zugeben, mit Salz und Pfeffer abschmecken.
6. Die Süßkartoffeln mit dem Dip servieren.

Notizen________________________________

Gemüse Burger

Dauer
60 Minuten

Portion(en)
4

Schwierigkeit
mittel

Zutaten

4 Burger Brötchen | 2 Tomaten | Salat | 1 Zwiebel | 1 Knoblauchzehe
1 Karotte | 1 Ds. Kichererbsen | 1 TL Zitronensaft | 25 g Dinkelmehl
1 TL Sonnenblumenöl | Salz und Pfeffer

Zubereitung

1. Die Kichererbsen abgießen und mit kaltem Wasser abspülen.
2. Die Karotte schälen und raspeln.
3. Die Zwiebel und den Knoblauch schälen und fein hacken.
4. Die Kichererbsen, den Knoblauch, Zwiebeln, Zitronensaft, Sonnenblumenöl, das Mehl, Salz und Pfeffer in einen Mixer geben und pürieren.
5. Aus der Masse Bratlinge formen.
6. Die Bratlinge ca. **5 Minuten** von beiden Seiten grillen.
7. Die Brötchen n. B. halbieren und auf dem Grill kurz anrösten.
8. Den Salat und die Tomaten waschen und klein schneiden.
9. Alles servieren und genießen.

Notizen____

Glasierte Kürbisse

Dauer	Portion(en)	Schwierigkeit
20 Minuten	4	mittel

Zutaten

1 Butternut Kürbis | 1 Orange | 3 EL Honig | 3 EL Butter
Salz und Pfeffer

Zubereitung

1. Den Kürbis halbieren, entkernen und in Spalten schneiden.
2. Die Orange auspressen.
3. Die Butter schmelzen und mit dem Orangensaft und dem Honig vermischen.
4. Mit Salz und Pfeffer würzen, und die Kürbisspalten damit bestreichen.
5. Von beiden Seiten ca. **6 Minuten** grillen.
6. 2-3-mal mit der Marinade während dem Grillen bestreichen.

Notizen____________________

Halloumi auf Rucolabett

Dauer	**Portion(en)**	**Schwierigkeit**
25 Minuten	2	leicht

Zutaten

300 g Halloumi | 2 Zitronen | 1 Bund Rucola | 1 Limette | 4 EL Sojasoße
2 EL Öl | 2 EL Sherry | Salz und Pfeffer

Zubereitung

1. Die Zitronen halbieren.
2. Den Halloumi in Scheiben schneiden und grillen. Die Zitronen drauflegen und mitgrillen.
3. Die Limette auspressen und den Saft mit der Sojasoße, dem Sherry und dem Öl verrühren.
4. Mit Salz und Pfeffer würzen.
5. Den Rucola waschen und auf zwei Teller verteilen.
6. Den Käse darauf geben und mit der Soße beträufeln.

Notizen____

Kartoffeln mit Käse gefüllt

Dauer	**Portion(en)**	**Schwierigkeit**
75 Minuten	4	leicht

Zutaten

4 Kartoffeln | 200 g Halloumi | 25 g Parmesan | 25 g Butter | 3 EL Sahne
1 EL Senf | 1 TL Basilikum | Salz und Pfeffer

Zubereitung

1. Die Kartoffeln waschen und in Alufolie wickeln.
2. Die Kartoffeln für ca. **45 Minuten** bei indirekter Hitze auf den Grill legen.
3. Die Kartoffeln vom Grill nehmen und halbieren. Das Innere mit einem Löffel auslöffeln.
4. Den Parmesan reiben.
5. Die Kartoffelmasse mit dem Parmesan, Sahne Basilikum und der Butter vermengen. Mit Salz und Pfeffer würzen.
6. Die Kartoffeln damit füllen.
7. Den Käse in Scheiben schneiden und die Kartoffeln damit belegen.
8. Die gefüllten Kartoffeln ca. **10 Minuten** grillen.

Notizen______________________________

Kleine Fladenbrote mit Zwiebeln

Dauer
25 Minuten

Portion(en)
4
Ruhezeit: 60 Minuten

Schwierigkeit
mittel

Zutaten

450 g Mehl | 1 Zwiebel | 60 g Butter | 1 Pck. Trockenhefe
175 ml Buttermilch | 2 TL Salz | 4 Stiele Thymian

Zubereitung

1. Die Zwiebel schälen und fein schneiden.
2. Den Thymian waschen und grob hacken.
3. Die Butter in einer Pfanne auslassen und den Thymian und die Zwiebeln darin auslassen, ca. **10 Minuten** dünsten. Anschließend abkühlen lassen.
4. Aus dem Mehl, Salz, Buttermilch und der Hefe einen Teig herstellen. Alles ca. **5 Minuten** kräftig durchkneten. Die Zwiebel-Thymian-Mischung zugeben und untermischen.
5. Abdecken und ca. **60 Minuten** gehen lassen.
6. Die Arbeitsfläche mit Mehl bestreuen und aus dem Teig kleine Kugeln formen und etwas flach drücken.
7. Für ca. **18 Minuten** von beiden Seiten grillen.

Notizen______________________________

Lauch mit Kräuter Croutons

Dauer
30 Minuten

Portion(en)
2

Schwierigkeit
leicht

Zutaten

3 Stangen Lauch | 150 g Butter | 2 Weizenbrötchen | 1 Bund Schnittlauch
25 ml Sonnenblumenöl | Salz und Pfeffer | 50 g Croutons

Zubereitung

1. Den Lauch waschen, putzen mit Öl bestreichen und mit Salz und Pfeffer würzen.
2. Die Stangen ganz auf den Grill legen und ca. **12 Minuten** grillen, dabei mehrmals wenden.
3. Den Schnittlauch waschen und fein hacken.
4. Die Butter mit einem Handrührgerät aufschlagen, den Schnittlauch zugeben und mit Salz und Pfeffer würzen.
5. Die Brötchen grob würfeln und auf dem Grill goldgelb anbraten.
6. Den gegrillten Lauch in Scheiben schneiden, auf 2 Teller verteilen, die Croutons darüber streuen und mit der Kräuterbutter servieren.

Notizen______________________________________

Lauwarmer Ziegenkäse auf Rote Beete Salat

Dauer	**Portion(en)**	**Schwierigkeit**
45 Minuten	2	leicht

Zutaten

4 Scheiben Ziegenkäse | 3 rote Beete | 1 Vanilleschote | 1 TL Honig
3 EL Essig | 4 EL Sonnenblumenöl | ½TL Zucker | Salz und Pfeffer

Zubereitung

1. Die rote Beete schälen und raspeln. Mit dem Zucker und etwas Salz ca. **30 Minuten** ziehen lassen.
2. Den Käse auf dem Grill ca. **3 Minuten** wärmen.
3. Die Vanilleschote auskratzen und mit dem Honig, Essig und Öl vermischen. Mit Salz und Pfeffer abschmecken.
4. Den Salat mischen und auf 2 Teller verteilen. Je 2 Scheiben Käse darauflegen und servieren.

Notizen____

Maiskolben mit Chilibutter

Dauer	**Portion(en)**	**Schwierigkeit**
20 Minuten	2	mittel

Zutaten

4 Maiskolben | 125 g Butter | 1 Chilischote | Salz und Pfeffer

Zubereitung

1. Die Maiskolben goldgelb grillen.
2. In der Zwischenzeit die Chilischote entkernen und fein hacken.
3. Die Butter in einem kleinen Topf schmelzen, Chili, Salz und Pfeffer hinzufügen und alles verrühren.
4. Die Maiskolben während dem Grillen mit der Chilibutter bestreichen und den Rest der Chilibutter mit den Maiskolben servieren.

Notizen____

Mediterrane Zucchini

Dauer
25 Minuten

Portion(en)
2

Schwierigkeit
leicht

Zutaten

3 Zucchinis | ½ Zitrone | 2 EL Olivenöl | Thymian | Salz und Pfeffer

Zubereitung

1. Die Zucchinis waschen, putzen, in Scheiben schneiden und in eine Grillpfanne oder Aluschale geben.
2. Die Zitrone auspressen.
3. Das Öl, den Zitronensaft und Thymian zugeben.
4. Mit Salz und Pfeffer würzen.
5. Für ca. **7 Minuten** grillen. Dabei mehrmals umrühren.

Notizen____

Pikante Kürbisspieße mit Tempeh

Dauer
30 Minuten

Portion(en)
4
Ruhezeit: 2 Stunden

Schwierigkeit
leicht

Zutaten

1 kl. Hokkaido Kürbis | 200 g Tempeh | 1 Zwiebel | 2 Knoblauchzehen
3 EL Sojasoße | 2 EL Tomatenmark | 2 EL Agavendicksaft
1 TL Korianderpulver | ½TL Kurkuma | Salz und Pfeffer

Zubereitung

1. Den Kürbis schälen und in kleine Stücke schneiden.
2. Das Tempeh in kleine Würfel schneiden.
3. Die Zwiebel schälen und achteln.
4. Die Zutaten auf einem Holzspieß abwechselnd aufspießen.
5. Den Knoblauch pressen und mit den restlichen Zutaten vermischen.
6. Mit der Marinade die Spieße bestreichen und **2 Stunden** ruhen lassen.
7. Für ca. **15 Minuten** grillen.

Notizen________________________________

Orangen Fenchel Genuss

Dauer	Portion(en)	Schwierigkeit
20 Minuten	2	leicht

Zutaten

3 Fenchel Knollen | 2 Orangen | 2 EL Honig | 2 EL Olivenöl
Salz und Pfeffer

Zubereitung

1. Eine Orange schälen und in dünne Scheiben schneiden.
2. Das Fenchelgrün abschneiden. Den Fenchel dünn aufschneiden, so dass er noch zusammenhängt.
3. Den Fenchel mit etwas Olivenöl bestreichen.
4. Die Fenchelscheiben kurz auf den Grill anbraten.
5. Die andere Orange auspressen und den Saft mit dem Honig verrühren. Mit Salz und Pfeffer würzen.
6. Die Fenchel- und Orangenscheiben mit der Marinade in eine Schüssel geben und kurz ziehen lassen.
7. Anschließend für ca. **10 Minuten** grillen.

Notizen______________________________

____

____

Reisburger

Dauer
60 Minuten

Portion(en)
4

Schwierigkeit
mittel

Zutaten

4 Hamburgerbrötchen | 250 g Naturreis | 1 Zwiebel | 1 Ei
100 g Champignons | 75 g Walnusskerne | 4 El Paniermehl
1 EL Sonnenblumenöl | Salz und Pfeffer

Zubereitung

1. Die Zwiebel schälen, klein schneiden und andünsten.
2. Die Champignons waschen, klein schneiden und zu den Zwiebeln geben.
3. Die Walnüsse mit einem Messer grob hacken.
4. Den Reis mit dem Ei, den Paniermehl, den Nüssen, Zwiebeln und Champignons vermischen.
5. Mit Salz und Pfeffer würzen und durchkneten.
6. Aus der Masse 4 Pattys formen und von jeder Seite grillen.
7. Mit den Brötchen, Salat, Gurke, Tomate, Ketchup, etc. servieren.

Notizen____

Rosenkohl an Balsamico

Dauer
30 Minuten

Portion(en)
4

Schwierigkeit
leicht

Zutaten

400 g Rosenkohl | 2 Knoblauchzehen | 4 EL Balsamico Essig
Salz und Pfeffer

Zubereitung

1. Den Rosenkohl kurz blanchieren.
2. Den Knoblauch pressen und mit dem Essig, Salz und Pfeffer vermischen. Den Rosenkohl damit marinieren.
3. Den marinierten Rosenkohl in einen Grillkorb geben und ca. **20 Minuten** grillen.

Notizen____

Rosenkohl Kartoffel Spieße

Dauer	Portion(en)	Schwierigkeit
4 Minuten	4	leicht

Zutaten

1 kg Kartoffeln | 750 g Rosenkohl | 3 EL Olivenöl | 3 Stiele Thymian
Salz und Pfeffer

Zubereitung

1. Den Rosenkohl waschen, die äußeren Blätter abzupfen und halbieren.
2. Die Kartoffeln in feine Scheiben schneiden.
3. Rosenkohl und Kartoffelscheiben abwechselnd aufspießen, auf eine Grillschale legen und mit dem Olivenöl beträufeln. Mit Salz und Pfeffer würzen.
4. Bei **indirekter Hitze** ca. **20 Minuten** grillen.
5. Vor dem Servieren mit den Thymianblättchen garnieren.

Notizen____

Rosmarin Kartoffeln vom Grill

Dauer	**Portion(en)**	**Schwierigkeit**
45 Minuten	2	leicht

Zutaten

400 g Kartoffeln | 2 EL Olivenöl | 1 EL Honig | 1 TL Zitronensaft
Rosmarin | Salz und Pfeffer

Zubereitung

1. Die Kartoffeln in Salzwasser bissfest garen. Schälen und in dicke Scheiben schneiden.
2. Aus dem Honig, Olivenöl, Rosmarin und Zitronensaft eine Marinade herstellen.
3. Den Grill mit etwas Öl bestreichen und die Kartoffeln von jeder Seite **2 Minuten** grillen. Mit Salz und Pfeffer würzen.
4. Die Kartoffeln mit der Marinade bestreichen und servieren.

Notizen______________________________

Rote Beete Tofu Spieße

Dauer	Portion(en)	Schwierigkeit
25 Minuten	4	mittel

Zutaten

200 g Tofu | 4 Knolle Rote Beete (vorgekocht) | 4 große Gemüseblätter
Rosmarin | Salz und Pfeffer

Zubereitung

1. Die Rote Beete und den Tofu in Würfel schneiden und mit den Gewürzen marinieren.
2. Die Zutaten in den Gemüseblätter gleichmäßig verteilen, zu einem Päckchen verschließen und mit einem Zahnstocher durchstechen.
3. Für ca. **10 Minuten** auf den Grill legen und genießen.

Notizen____

Tofu Spieße

Dauer
50 Minuten

Portion(en)
4
Ruhezeit: 30 Minuten

Schwierigkeit
leicht

Zutaten

250 g Tofu | 1 Zwiebel | 2 Knoblauchzehen | 3 Paprikas
150 g Champignons | 500 g griechischer Joghurt | 250 g Quark
2 EL Olivenöl | 1 EL Sojasoße | Salz und Pfeffer

Zubereitung

1. Den Quark mit dem Joghurt verrühren und den Knoblauch pressen und zugeben.
2. Das Olivenöl zugeben und mit Salz und Pfeffer abschmecken.
3. Für die Spieße den Tofu in kleine Stücke schneiden und mit der Sojasoße marinieren. Für **30 Minuten** ziehen lassen.
4. Die Zwiebel schälen und achteln.
5. Die Champignons waschen und halbieren.
6. Die Paprikas waschen, entkernen und in dicke Streifen schneiden.
7. Die Zutaten nun nacheinander aufspießen und für ca. **5 Minuten** grillen.
8. Mit dem Knoblauchdip servieren.

Notizen____

Tofu Steaks

Dauer
20 Minuten

Portion(en)
2
Ruhezeit: 4 Stunden

Schwierigkeit
leicht

Zutaten

2 Pck. Tofu | 1 Zitrone | 2 EL Sojasoße | 1 EL Sonnenblumenöl
2 EL brauner Zucker | Ingwer n. B. | 1 Spritzer Tabasco

Zubereitung

1. Die Zitrone auspressen.
2. Ein Stück Ingwer reiben.
3. Den Zitronensaft mit dem Ingwer, der Sojasoße, dem Öl, Zucker und Tabasco vermischen.
4. Den Tofu in Scheiben schneiden und mit der Marinade in eine Schüssel geben.
5. Für ca. **4 Stunden** durchziehen lassen.
6. Die Tofu Steaks ca. **7 Minuten** von beiden Seiten grillen.
7. Dabei mit der Marinade bestreichen.

Notizen____

Vegane Bratwurst schnell und einfach

Dauer
70 Minuten

Portion(en)
4
Ruhezeit: 30 Minuten

Schwierigkeit
mittel

Zutaten

250 g weiße Bohnen | 3 Knoblauchzehen | 100 g Haferflocken
50 g Sonnenblumenkerne | 3 EL gemahlenen Chiasamen | 60 ml Wasser
1 EL Tomatenmark | 1 TL italienische Kräuter
2 TL Paprikapulver | 1 TL Zimt | Salz und Pfeffer

Zubereitung

1. Die Chiasamen mit dem Wasser verrühren und ca. **5 Minuten** quellen lassen.
2. Die Bohnen mit kaltem Wasser abspülen.
3. Den Knoblauch pressen.
4. Die Sonnenblumenkerne und Haferflocken in einem Mixer zerkleinern. Die Bohnen zugeben und ebenfalls zerkleinern.
5. Alle Zutaten in eine Schüssel geben und gründlich miteinander vermengen.
6. Aus der Masse 8 Würstchen formen. Auf ein Backblech legen und ca. **30 Minuten** kaltstellen.
7. Die Würstchen einzeln in Alufolie wickeln.
8. Die Würstchen in eine Grillpfanne legen und ca. **30 Minuten** bei mittlerer Hitze grillen.
9. Die Würstchen aus der Alufolie nehmen und ca. **8 Minuten** grillen.

Notizen____

____

____

Warme Salatherzen

Dauer	**Portion(en)**	**Schwierigkeit**
15 Minuten	2	mittel

Zutaten

2 Römersalate | 1 Limette | 1 Avocado | 1 Chilischote | 2 TL Kapern
2 EL Olivenöl | 1 TL Senf | Salz und Pfeffer

Zubereitung

1. Die Salatherzen waschen und der Länge nach halbieren.
2. Die Limette auspressen.
3. Die Chilischote entkernen und fein schneiden.
4. Die Kapern fein hacken.
5. Den Limettensaft mit den gehackten Kapern, der Chili, dem Senf und Öl zu einem Dressing vermischen.
6. Mit Salz und Pfeffer abschmecken.
7. Die Avocado halbieren und entkernen.
8. Die halben Salatherzen und die Avocadohälften mit der Schnittseite nach unten auf den Grill legen und ca. **3 Minuten** grillen.
9. Die Avocado mit einem Löffel aus der Schale holen und in kleine Stücke schneiden.
10. Die Salatherzen auf zwei Teller verteilen, die Avocado darüber verteilen und mit dem Dressing anmachen.

Notizen______________________________________

Bratapfel

Dauer
45 Minuten

Portion(en)
4

Schwierigkeit
mittel

Zutaten

4 Äpfel | 100 g Zucker | 250 ml Sahne | 8 Zimtstangen
2 TL Puderzucker

Zubereitung

1. Die Äpfel entkernen und mit je 2 Zimtstangen füllen.
2. Die Äpfel ca. **25 Minuten** in einer Grillschale grillen.
3. In der Zwischenzeit den Zucker in einem kleinen Topf erwärmen bis er schmilzt. Mit Sahne ablöschen und ca. **4 Minuten** köcheln lassen.
4. Die Äpfel mit it Sahnesoße füllen, mit Puderzucker bestäuben und servieren.

Notizen____

Gefüllte Bratäpfel

Dauer
45 Minuten

Portion(en)
4

Schwierigkeit
mittel

Zutaten

4 Äpfel | 50 g Walnüsse | 75 g getrocknete Aprikosen | 3 EL Butter
4 EL Weißwein | 2 EL Honig | 2 EL Rohmarzipan
8 Gewürznelken | 1 Prise Zimt

Zubereitung

1. Die Walnüsse und Aprikosen klein schneiden.
2. Den Wein mit dem Honig und Zimt verrühren. Die Nüsse und Aprikosen zugeben.
3. Die Äpfel waschen und das Kerngehäuse entfernen.
4. In jeden Apfel etwas Marzipan geben.
5. Mit je 2 Nelken spicken.
6. Die Butter schmelzen und die Äpfel damit bestreichen.
7. Mit der Nuss-Masse füllen und in Alufolie einwickeln.
8. Für ca. **25 Minuten** bei **indirekter Hitze** grillen.

Notizen____

Gegrillte Ananas

Dauer
15 Minuten

Portion(en)
4

Schwierigkeit
leicht

Ruhezeit: 2 Stunden

Zutaten

1 Ananas | 1 EL Honig | 1 EL weißer Rum | 50 ml Sonnenblumenöl
2 El Kokosraspeln | 1 Vanilleschote | Chiliflocken

Zubereitung

1. Die Kokosraspeln, ohne Fett, in einer Pfanne anrösten.
2. Die Ananas schälen, den holzigen Strunk entfernen und in Stücke schneiden.
3. Die Vanilleschote der Länge nach aufschneiden und das Mark herauskratzen.
4. Den Honig mit dem Rum, dem Vanillemark, dem Öl und einigen Chiliflocken n. B. vermischen.
5. Die Ananasstücke mit der Marinade einstreichen und min. **2 Stunden** durchziehen lassen.
6. Die Fruchtstücke auf Holzspieße stecken und ca. **5 Minuten** grillen.
7. In den Kokosraspeln wenden und servieren.

Notizen____

Gegrillte Banane mit Vanilleeis

Dauer
20 Minuten

Portion(en)
4

Schwierigkeit
leicht

Zutaten

4 Bananen | 4 Kugeln Vanilleeis | 2 EL Haselnüsse

Zubereitung

1. Die Bananen mit Schale ca. **10 Minuten** grillen. Währenddessen mehrmals drehen.
2. Die Bananen auf mehrere Teller geben und der Länge nach aufschneiden.
3. Die Haselnüsse mit einem Messer grob hacken und darüber verteilen.
4. Je eine Kugel Eis dazu geben und servieren.

Notizen

Glasierte Apfelspalten

Dauer	Portion(en)	Schwierigkeit
15 Minuten	4	leicht

Zutaten

2 Äpfel | 2 EL Honig | 25 g Butter | 1 EL Apfelessig
2 EL Sonnenblumenöl | Sternanis | Zimt

Zubereitung

1. Die Äpfel, waschen, entkernen und in je 8 Stücke schneiden.
2. Das Öl in eine Grillpfanne geben und die Apfelspalten mit dem Zimt und Sternanis hineinlegen.
3. Bei **direkter Hitze** goldbraun grillen.
4. Den Honig und Essig zugeben und kurz aufkochen lassen.
5. Auf 4 Teller verteilen und servieren.

Notizen____

Kaiserschmarrn mit frischen Blaubeeren

Dauer	Portion(en)	Schwierigkeit
20 Minuten	4	mittel

Zutaten

100 g Blaubeeren | 5 Eier | 125 ml Milch | 100 g Mehl
50 g Puderzucker | 1 Prise Salz | Öl

Zubereitung

1. Die Eier mit dem Mehl und einer Prise Salz verrühren.
2. Die Milch nach und nach zugeben, bis ein homogener Teig entsteht.
3. 2 TL Öl in eine heiße Feuerpfanne geben.
4. Den Teig zugeben.
5. Sobald der Teig etwas fester ist, vorsichtig zerstückeln und fertig garen.
6. Auf 4 Teller verteilen und mit den Beeren und dem Puderzucker garnieren.

Notizen____

Karamellisierte Bananen mit Baileys

Dauer
25 Minuten

Portion(en)
4

Schwierigkeit
mittel

Zutaten

4 Bananen | 75 g Zucker | 75 g Butter | 2 EL Baileys
1 TL Orangenschale | 50 g Walnüsse

Zubereitung

1. Die Walnüsse mit einem Messer grob hacken.
2. Die Butter in einem kleinen Topf schmelzen und den Zucker einrühren. Bei geringer Hitze karamellisieren.
3. Die Orangenschale einrühren und die Masse auf ein Backblech streichen.
4. Die Banane schälen und der Länge nach halbieren.
5. Mit dem Karamell bestreichen und ca. **7 Minuten** grillen.
6. Auf Teller legen, mit den Nüssen und Baileys garnieren und servieren.

Notizen____

Scheiterhaufen

Dauer	Portion(en)	Schwierigkeit
50 Minuten	4	leicht

Zutaten

8 Brötchen | 125 g Schokolade | 6 Eier | 2 Äpfel | 500 ml Milch
1 Prise Zimt | 1 TL brauner Zucker | 1 HV Cranberrys
1 HV gemahlenen Haselnüsse

Zubereitung

1. Die Schokolade mit einem Messer grob hacken.
2. Die Brötchen in feine Scheiben schneiden.
3. Die Milch mit den Eiern verquirlen und die Brötchenscheiben hinein tunken.
4. Die Brötchen in eine Grill-Kasserolle legen.
5. Die Äpfel waschen, entkernen und in Scheiben darüber hobeln.
6. Die Nüsse, Cranberrys, den Zimt und Zucker darüber streuen.
7. Die gehackte Schokolade darüber streuen.
8. Mit Brötchenscheiben bedecken.
9. Bei **indirekter Hitze** ca. **35 Minuten** backen.

Notizen____

Williamsbirne an Portwein

Dauer
45 Minuten

Portion(en)
4

Schwierigkeit
mittel

Zutaten

4 Williamsbirnen | 250 ml Portwein | 150 g Gorgonzola | 25 g Zucker
5 EL Himbeeressig | 2 EL Sonnenblumenöl | 3 EL Walnussöl
Salz und Pfeffer

Zubereitung

1. Die Birnen waschen, entkernen und achteln.
2. In eine Grillschale legen, Zucker und das Sonnenblumenöl zugeben. Mit Salz und Pfeffer würzen.
3. Ca. **15 Minuten** grillen, dabei mehrmals wenden und anschließend auskühlen lassen.
4. Den Himbeeressig mit dem Portwein in einem kleinen Topf aufkochen lassen, bis eine zähe Flüssigkeit.
5. Die Birnen auf 4 Tellern verteilen und mit dem Sirup und Walnussöl beträufeln.
6. Den Gorgonzola klein schneiden und darauf verteilen.

Notizen________________________________

Zimtbrownies vom Grill

Dauer	Portion(en)	Schwierigkeit
45 Minuten	4	leicht

Zutaten

50 g Zartbitterschokolade | 2 Eier | 60 g Butter | 60 g Mehl
50 g Kakao | 175 g Zucker | 1 Pck. Vanillezucker | ½TL Backpulver
1 TL Zimt | 1 Prise Salz

Zubereitung

1. Die Schokolade fein hacken
2. 4 Förmchen mit Butter einfetten. Die Butter zerlassen.
3. Das Mehl mit dem Backpulver, Zucker, Zimt, Kakao, Vanillezucker und Salz mischen.
4. Die Eier und Butter zugeben und alles gut verrühren.
5. Die Schokolade unterheben.
6. Den Teig in die Förmchen verteilen.
7. Für ca. **20 Minuten** bei mittlerer Hitze grillen.

Notizen______________________________

BBQ Dip

Dauer
10 Minuten

Portion(en)
4
Ruhezeit: 2 Stunden

Schwierigkeit
leicht

Zutaten

150 g Tomatenketchup | 4 EL Sojasoße | 40 kandierten Ingwer
40 g Pflaumenmus | 3 EL Apfelessig

Zubereitung

1. Alle Zutaten miteinander verrühren und min. **2 Stunden** durchziehen lassen.

Notizen____

Chili Dip mit Cottage Cheese

Dauer
15 Minuten

Portion(en)
4

Schwierigkeit
leicht

Ruhezeit: 1 Stunde

Zutaten

250 g Cottage Cheese | 1 Zwiebel | 2 Knoblauchzehen | ½ Paprika
¼ Gurke | 1 TL Chilipulver | 1 St Ingwer | 1 EL Ketchup
125 g Sauerrahm | Salz und Pfeffer

Zubereitung

1. Den Ingwer schälen und fein reiben.
2. Die Paprika und Gurke sehr fein schneiden.
3. Die Zwiebel und den Knoblauch schälen und fein hacken.
4. Alle Zutaten miteinander vermengen und min. **1 Stunde** durchziehen lassen.

Notizen____

Cranberry Soße

Dauer
10 Minuten

Portion(en)
4

Schwierigkeit
mittel

Zutaten

400 g Cranberrys | 1 Orange | 100 ml Bourbon | 100 g Zucker
½ TL Nelkenpfeffer

Zubereitung

1. Die Orange heiß abwaschen. Die Schale der Orange mit einem Sparschäler schälen und den Saft pressen.
2. Die Schale und den Saft der Orange, die Cranberrys und den Zucker in einem Topf zum Kochen bringen.
3. Den Nelkenpfeffer zugeben.
4. Den Bourbon zugeben.
5. Wenn die Cranberry platzen, den Topf vom Herd nehmen.
6. In eine Schale umfüllen und abkühlen lassen.

Notizen____

Erdnuss Dip

Dauer	**Portion(en)**	**Schwierigkeit**
5 Minuten	4	leicht

Zutaten

150 g Erdnussbutter | 120 ml Apfelsaft | 2 EL Apfelessig
Salz und Pfeffer

Zubereitung

1. Alle Zutaten in einer kleinen Schüssel gut miteinander vermengen und servieren.

Notizen____

Diavolo

Dauer
10 Minuten

Portion(en)
4
Ruhezeit: 1 Stunde

Schwierigkeit
leicht

Zutaten

5 EL Mayonnaise | 6 EL Tomatenketchup | 2 EL Honig
2 Knoblauchzehen | 1 TL Piment | 1 TL Paprikapulver | 1 Chilischote

Zubereitung

1. Die Chilischote entkernen und ganz dünn aufschneiden.
2. Den Knoblauch schälen und pressen.
3. Alle Zutaten in einer Schüssel verrühren und min. **1 Stunde** durchziehen lassen.

Notizen____

Grillsoße

Dauer
10 Minuten

Portion(en)
4

Schwierigkeit
leicht

Zutaten

6 Essiggurken | 1 EL Essiggurkenwasser | 1 Zwiebel
4 EL Senf | Salz und Pfeffer

Zubereitung

1. Die Zwiebel schälen und ganz fein hacken.
2. Die Essiggurken in kleine Stücke schneiden.
3. Alle Zutaten miteinander verrühren.
4. Mit Salz und Pfeffer abschmecken.

Notizen

Winterlicher Dip

Dauer	Portion(en)	Schwierigkeit
20 Minuten	4	leicht

Zutaten

2 Stangen Staudensellerie | ½ Apfel | 1 EL Rosinen | 1 EL Walnusskerne
1 TL Honig | 3 EL Essig | 6 EL Wasser | 3 EL Öl | Salz und Pfeffer

Zubereitung

1. Den Sellerie waschen, putzen und in feine Würfel schneiden.
2. Den Apfel klein schneiden.
3. Das Wasser mit dem Essig, Öl und Honig verrühren. Mit Salz und Pfeffer würzen.
4. Die Walnusskerne mit einem Messer grob hacken.
5. Alle Zutaten gut vermengen und evtl. kurz durchziehen lassen.

Notizen______________________________

Wintertraum

Dauer
60 Minuten

Portion(en)
4

Schwierigkeit
mittel

Zutaten

1 Orange | 4 EL Sonnenblumenöl | 2 Chilischoten | 5 Sternanis
5 Gewürznelken | 2 TL weiße Pfefferkörner | 1 TL Zucker
2 TL Zimt | 1 Msp. Salz

Zubereitung

1. Die Orange heiß abwaschen und die Schale mit einem Sparschäler abschälen.
2. Die Schale für **40 Minuten** bei **125 °C** im Backofen trocknen.
3. Den Sternanis und die Nelken in einer Pfanne, ohne Fett anrösten.
4. Die Chilischoten entkernen und mit den anderen Gewürzen und 1 TL Orangenschale in einem Mörser zerstoßen.
5. Die Zutaten mit dem Öl mischen.

Notizen____________________

Zwiebeldip

Dauer	Portion(en)	Schwierigkeit
10 Minuten	4	leicht

Ruhezeit: 1 Stunde

Zutaten

2 Zwiebeln | 3 Knoblauchzehen | 1 EL Sesam | 1 EL Sesamöl
2 EL Ketchup | 1 TL Zucker | ½TL Chilipulver | Salz und Pfeffer

Zubereitung

1. Die Zwiebeln schälen und in Würfel schneiden.
2. Den Knoblauch pressen und zugeben.
3. Die restlichen Zutaten zugeben und alles gut mischen.
4. Für ca. **1 Stunde** durchziehen lassen.

Notizen______________________________

____

____

Bier Marinade

Dauer
10 Minuten

Portion(en)
4
Ruhezeit: über Nacht

Schwierigkeit
leicht

Zutaten

250 ml Bier | 1 Zwiebel | 4 EL Öl | 1 EL Senf | 10 Pfefferkörner
8 Wacholderbeeren | 2 Lorbeerblätter

Zubereitung

1. Die Zwiebel schälen und in feine Ringe schneiden.
2. Alle Zutaten gut miteinander vermischen.
3. Das Fleisch damit marinieren und **über Nacht** durchziehen lassen.

Notizen____

Buttermilch Marinade

Dauer	**Portion(en)**	**Schwierigkeit**
10 Minuten	4	leicht
	Ruhezeit: 2 Stunden	

Zutaten

500 ml Buttermilch | 1 Lorbeerblatt | 10 Pfefferkörner
Koriandersamen | Salz und Pfeffer

Zubereitung

1. Die Koriandersamen in einem Mörser zerstoßen.
2. Alle Zutaten miteinander vermischen und für mindestens **2 Stunden** durchziehen lassen.
3. Anschließend das Lorbeerblatt herausnehmen.

Notizen____

Chimichurri

Dauer
15 Minuten

Portion(en)
4
Ruhezeit: 2 Stunden

Schwierigkeit
leicht

Zutaten

2 Knoblauchzehen | 1 Limette | 1 Bund Petersilie | Oregano
Chiliflocken | 3 EL Öl | Salz und Pfeffer

Zubereitung

1. Die Limette auspressen.
2. Die Kräuter und den Knoblauch hacken.
3. Mit den Gewürzen und dem Öl vermischen.
4. Im Kühlschrank min. **2 Stunden** durchziehen lassen.

Notizen________________________________

Grillmarinade

Dauer
10 Minuten

Portion(en)
4
Ruhezeit: 1 Stunde

Schwierigkeit
leicht

Zutaten

5 Knoblauchzehe | 1 EL Honig | 3 EL Sojasoße | 6 EL Olivenöl
1 TL Paprikapulver | ½ TL Chilipulver | Salz und Pfeffer

Zubereitung

1. Den Knoblauch pressen und mit den anderen Zutaten verrühren.
2. Für ca. **1 Stunde** durchziehen lassen oder das Fleisch direkt marinieren und durchziehen lassen.

Notizen____

Honig Senf Marinade

Dauer	Portion(en)	Schwierigkeit
10 Minuten	4	leicht

Ruhezeit: 1 Stunde

Zutaten

1 Knoblauchzehe | 2 EL Honig | 8 EL Senf | 1 TL Salz
½ TL Pfeffer | etwas Wasser

Zubereitung

1. Alle Zutaten gut miteinander vermischen.
2. Die Marinade min. **1 Stunde** durchziehen lassen.

Notizen

Kräuter Marinade

Dauer
10 Minuten

Portion(en)
4

Schwierigkeit
leicht

Ruhezeit: 2 Stunden

Zutaten

2 Knoblauchzehen | 1 Zitrone | Thymian | 4 EL Öl | 1 Zweig Rosmarin
Majoran | Salz und Pfeffer

Zubereitung

1. Die frischen Kräuter waschen und fein hacken.
2. Die Zitrone auspressen.
3. Den Knoblauch schälen und klein schneiden.
4. Alle Zutaten in einer Schüssel vermengen.
5. Die Marinade für 2 Stunden durchziehen lassen.

Notizen____

Orangen Marinade

Dauer
10 Minuten

Portion(en)
4

Schwierigkeit
leicht

Ruhezeit: über Nacht

Zutaten

125 ml Orangensaft | 1 Zwiebel | 4 EL Ketchup | 4 EL Öl
2 EL Weinessig | ½ TL Oregano | 1 Spritzer Tabasco

Zubereitung

1. Die Zwiebel schälen und in feine Ringe schneiden.
2. Alle Zutaten gut miteinander vermischen und **über Nacht** durchziehen lassen.

Notizen____

Rotwein Marinade

Dauer
5 Minuten

Portion(en)
4
Ruhezeit: über Nacht

Schwierigkeit
leicht

Zutaten

125 ml Rotwein | 2 Knoblauchzehen | 6 EL Öl | 2 EL Zitronensaft
1 EL Senf | 1 TL Oregano | 1 TL Rosmarin | Salz und Pfeffer

Zubereitung

1. Den Knoblauch schälen und fein pressen.
2. Alle Zutaten miteinander vermischen und **über Nacht** durchziehen lassen.

Notizen____

Sherry Marinade

Dauer
5 Minuten

Portion(en)
4

Schwierigkeit
leicht

Ruhezeit: über Nacht

Zutaten

2 EL Sherry | 1 Zwiebel | 1 Knoblauchzehe
1 EL Öl | 1 TL Majoran | Pfeffer

Zubereitung

1. Den Knoblauch schälen und fein pressen.
2. Alle Zutaten miteinander vermischen und **über Nacht** durchziehen lassen.

Notizen______________________________

Winterliche Steak Marinade

Dauer	**Portion(en)**	**Schwierigkeit**
10 Minuten	4	leicht

Zutaten

1 Limette | 2 Knoblauchzehen | 2 EL Olivenöl | 1 TL Koriander
1 Msp. Kreuzkümmel | 1 Msp. Zimt | 1 TL Cayennepfeffer

Zubereitung

1. Die Limette auspressen.
2. Den Knoblauch schälen und fein schneiden.
3. Den Saft mit dem Knoblauch, Öl und den Gewürzen vermischen.

Notizen____

Winterliche Heißgetränke

Cranberry Punsch

Dauer	Portion(en)	Schwierigkeit
10 Minuten	4	leicht

Zutaten

250 ml Cranberry Saft | 250 ml Apfelsaft | 1 Limette
1 Zimtstange | 50 g Cranberrys

Zubereitung

1. Die Limette heiß abwaschen, die Schale abreiben und den Saft auspressen.
2. Alle Zutaten, außer die Cranberrys, in einen Topf geben und erwärmen.
3. Die Cranberrys zugeben und **5 Minuten** ziehen lassen.
4. In 4 Tassen füllen und genießen.

Notizen____

Feuerzangenbowle

Dauer
20 Minuten

Portion(en)
4

Schwierigkeit
mittel

Zutaten

2 l Rotwein | 40 cl Rum | 2 Zimtstangen | 8 Gewürznelken
2 Orangen | 1 Zitrone | 1 Zuckerstange | 1 Zuckerhut

Zubereitung

1. Den Rotwein mit den Nelken und den Zimtstangen in einen Topf geben.
2. Die Früchte mit heißem Wasser abspülen.
3. 1 EL Orangenschale abreiben, den Saft auspressen und beides in den Topf geben.
4. Die Zitrone in feine Scheiben schneiden und zugeben.
5. Die Feuerzangenbowle erwärmen. Sie sollte nicht kochen.
6. Die Zuckerstange auf den Topf legen, die Zuckerhut drauflegen und mit 10 cl Rum tränken.
7. Mit einem Streichholz vorsichtig anzünden.
8. Langsam den restlich Rum zugeben, bis der Zucker komplett in der Bowle ist.
9. Die Gewürze herausnehmen und die Bowle servieren.

Notizen____

Glühwein

Dauer
15 Minuten

Portion(en)
4

Schwierigkeit
mittel

Zutaten

800 ml Rotwein | 30 ml Rum | 4 Orangen | 1 Sternanis
4 Nelken | 2 Zimtstangen | 1 TL Zucker

Zubereitung

1. Die Hälfte der Orangen in dünne Scheiben schneiden und die andere Hälfte auspressen.
2. Die Orangenscheiben und den ausgepressten Saft der Orangen zusammen mit den Rotwein und den Gewürzen in einen Topf bei niedriger Temperatur erhitzen. (Die Flüssigkeit nicht zum Kochen bringen)
3. Den Zucker und den Rum hinzugeben und die Flüssigkeit erneut kurz erhitzen.
4. Den Glühwein durch ein Sieb gießen, damit die Orangenscheiben und Gewürze aufgefangen werden.
5. Auf 4 Gläser/Tassen verteilen und genießen.

Notizen____

Holunderpunsch

Dauer	Portion(en)	Schwierigkeit
10 Minuten	4	leicht

Zutaten

1 l Holunderbeerensaft | 1 Orange | 100 g brauner Zucker | 1 Zimtstange

Zubereitung

1. Die Orange auspressen und mit den anderen Zutaten in einem Topf erwärmen.

Notizen____

Traubenpunsch

Dauer
15 Minuten

Portion(en)
4

Schwierigkeit
leicht

Zutaten

1l Traubensaft | 2 EL Zitronensaft | 1 Gewürznelke
1 Prise Zimt | 1 Prise Kardamom | 25 g Rosinen

Zubereitung

1. Alle Zutaten in einen Topf geben und erwärmen.
2. Den Punsch in Tassen umfüllen, die Gewürze herausnehmen, und servieren.

Notizen______________________________

Zimt Orangen Punsch

Dauer	Portion(en)	Schwierigkeit
15 Minuten	4	leicht

Zutaten

30 cl Früchtetee | 25 cl Apfelsaft | 35 cl Orangensaft | 1 Zitrone
1 Zimtstange | 2 Gewürznelken | 1 Sternanis | 1 EL Honig

Zubereitung

1. Den Früchtetee kochen.
2. In einem Topf den Apfel- und Orangensaft zugeben und erwärmen.
3. Die Gewürze zugeben.
4. Die Zitrone auspressen und den Saft zugeben.
5. Den Honig einrühren.
6. Durch ein Sieb abseihen und auf 4 Tassen verteilen.

Notizen____

Schlusswort

Ab heute läuft auch Ihr Grill im Winter zu Höchstform auf? Denn spätestens jetzt müssen auch Sie auf den Genuss gekommen sein und somit festgestellt haben, dass Wintergrillen mit mindestens genauso viel Spaß verbunden ist wie an warmen Sommertagen.

Alles, was die kalte Jahreszeit zu bieten hat, kann auf den Grill gelegt werden. Sobald die Glut zischt, die winterliche Gewürze und die herrlichen Aromen in die Luft steigen, hält es garantiert niemanden mehr in der geheizten Stube.

In diesem Rezeptbuch steht Ihnen eine große Auswahl an leckeren, einfachen und zugleich abwechslungsreichen Rezepten, sowohl für die Fleischesser, Fischliebhaber und Vegetarier unter uns, zur Verfügung.

Anders als beim Sommergrillen sollten Sie sich beim Wintergrillen vorab einen Plan erstellen. Vor allem, wenn Sie vorhaben, Gäste einzuladen, bedarf es eine gute Planung. Beachten Sie die grundlegenden Tipps – warme Kleidung – der richtige Grillplatz – das richtige Gas und dann sollte beim Wintergrillen nichts mehr schiefgehen.

Lassen Sie sich von diesem Buch inspirieren, probieren und testen Sie selbst alles, was Ihnen in Ihrer Küche an Gewürzen zur Verfügung steht und Sie werden merken, es ist gar nicht kompliziert, ein absolutes Grillhighlight und ein wahres Geschmackserlebnis auf die Teller zu zaubern.

Alle Rezepte lassen sich einfach umwandeln, erweitern oder mit zusätzlichen Kräutermischungen, Gewürzen, Zitronen oder anderen beliebigen Toppings aufpeppen.

Natürlich dürfen bei winterlichen Temperaturen die warmen Getränke nicht fehlen, beispielsweise eignet sich roter oder weißer Glühwein (S. 160) oder ein Cranberry Punsch (S. 158) hervorragend für den Grillmeister und selbstverständlich auch für die Gäste, so ist das winterliche Feeling dann auch komplett.

Übrigens; Glühwein lässt sich auch ganz einfach selbst zubereiten, blättern Sie dazu einfach in das Rezeptkapitel zurück.

Also worauf warten Sie noch? Ab in die dicke Jacke, den Schal umwickeln, die Strickmütze auf den Kopf und ab an den Grill. Sie werden es lieben.

Und der Sommer? Schnee von gestern…

Viel Spaß beim Ausprobieren und Testen.

Haftungsausschluss

Der Inhalt dieses Buches wurde mit großer Sorgfalt geprüft und erstellt. Für die Vollständigkeit, Richtigkeit und Aktualität der Inhalte kann jedoch keine Garantie oder Gewähr übernommen werden. Der Inhalt dieses Buches repräsentieren die persönliche Erfahrung und Meinung des Autors und dient nur dem Unterhaltungszweck. Der Inhalt sollte nicht mit medizinischer Hilfe verwechselt werden. Es wird keine juristische Verantwortung oder Haftung für Schäden übernommen, die durch kontraproduktive Ausübung oder durch Fehler des Lesers entstehen. Es kann auch keine Garantie für Erfolg übernommen werden. Der Autor übernimmt daher keine Verantwortung für das Nicht-Erreichen der im Buch beschriebenen Ziele.

Impressum

1. Auflage 2021

Kontakt: Michel Schubert / Danzigerstr. 12 / 33142 Büren
Covergestaltung: Autor Pseudonym
Coverfoto: depositphotos.com / pixabay.com

Printed in Poland
by Amazon Fulfillment
Poland Sp. z o.o., Wrocław

84071470R00098